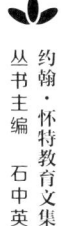

约翰·怀特教育文集

丛书主编 石中英

再论教育目的

〔英〕约翰·怀特 著

丁 煜 译

桑新民 校

教育科学出版社

·北京·

丛 书 序 言

我很荣幸有机会为"约翰·怀特教育文集"撰写序言。这套文集囊括的中文版著作和论文对应的外文版著作和论文是我在教育哲学领域主要的研究成果，它们的问世时间集中在 1982—2016 年。未来，它们将悉数被翻译成中文出版，对此，我的内心充满感激和期待。我希望这套文集能够引起中国的教师、教育学专业的学生、教育研究者和教育决策者的兴趣。我们生活在一个距离日益缩小的世界中，这使得跨越国界乃至洲界分享思想的机会日益增多，我很高兴目睹这一切并亲身参与这一全球性变革。我年轻时身处一个半封闭的族群之中，周围所见皆是白人面孔，很少能与世界上其他地区的人交流并建立联系，来自东亚地区的朋友更是一个也没有，那时的我无法想象在我的有生之年人们的视野可以像今天这样开阔。

这也是我得知石中英教授意欲组织翻译并出版这套文集时非常高兴的一个原因。石中英教授现任清华大学教育研究院院长、博士生导师，也是中国的全国教育哲学专业委员会主任委员。我和石中英教授已认识多年，我一直对他怀有很深的敬意。2000—2001 年，他在伦敦大学教育学院（2014 年与伦敦大学学院合并，更名为伦敦大学学院教育学院）访学时我认识了他。非常感谢他牵头组织了这项并不轻松的文集翻译工程，积极推动这套文集出版。

除了感谢石中英教授之外，我还想感谢李玢博士。李玢博士是教育科学出版社的前社长，也是《再论教育目的》①（*The Aims of Education*

---

① 中文版图书的书名以正式出版物的书名为准，下同。

Restated）早期中译本的责任编辑。她于 1989—1990 年在伦敦大学教育学院做访问学者，那时我经常看到她，也正是她激起了我想要更多地了解中国、中国人以及中国文化的欲望。在这里，我也要向李永宏、沈昌胜、刘瑀、励达广和桑新民教授等人表达感谢，感谢他们为《再论教育目的》早期中译本的出版所付出的种种努力。

《再论教育目的》试图用哲学的视角探讨学校教育的目的应当是什么以及不同的教育目的之间如何关联。据我所知，这是第一本集中探讨"教育目的"这个主题的专著，这也许会让人感到惊讶。我在该书开篇部分批判了当时一个主流的观点，即教育具有内在目的，其与出于自身之故而追求有价值的活动有关。我接着探讨了教育在帮助人们创造条件，使每个人都能过上一种充实的生活方面所能发挥的作用，以及这些意味着什么。我在这本书中指出，教育不仅要关注个体的幸福，还要关注整体的社会福祉，这与此书的一个主题有关，即教育的经济目的应当是什么以及这类目的怎样与增进人的幸福相关联。该书的另一个主题是在一个目的——在逐渐扩大的范围内促进人们对他人幸福的关心——的指导下开展教育，例如，首先在家庭和当地社区中开展道德教育，进而扩展到国家层面的公民责任教育等方面。就道德教育的途径而言，英国的一些理想主义者和格奥尔格·威廉·弗里德里希·黑格尔（Georg Wilhelm Friedrich Hegel）对"社群关系"的重视启发了我，具体内容可参见我与彼得·戈登（Peter Gordon）合著的《作为教育改革者的哲学家》（*Philosophers as Educational Reformers*）一书。在《再论教育目的》这本书中，我用了很大的篇幅论述各种教育目的之间的关系，包括个人的目的、道德的目的、经济的目的和公民的目的。所有这些交织在一起就形成了对受过教育的个体整体形象的描述。这又引出了其他一些主题，例如灌输、终身教育以及是否针对不同的学生应该有不同的教育目的等。我在这本书的最后一章探讨了教育目的的实现途径，这不仅涉及学校以及其他教育机构可以做些什么，也涉及整个社会需要做出哪些改变。

　　1997年，我出版了《教育与工作的目的：对工作和学习的一种新的哲学审视》（*Education and the End of Work: A New Philosophy of Work and Learning*）一书，感谢沈阳师范大学迟艳杰教授着手翻译这本书。在这本书中，我进一步阐述了我在《再论教育目的》中提及的教育的经济目的，尤其是职业目的。此外，我还讨论了教育应当在使年轻人为今后的职业生活做准备方面发挥何种作用，以及工作在生活中是否最优先，因而可以排在一切活动之首等问题。针对这些问题，我首先澄清了工作的本质。很多工作都是有报酬的，有一些工作是我们不得不去做的。然而，并非所有工作都是如此，比如，一位热爱写作的业余作家夜以继日地写小说和写诗。在论述了不同工作有所区别之后，我就工作在生活中的地位展开了分析，探讨了汉娜·阿伦特（Hannah Arendt）等哲学家的观点。很多哲学家都认可工作在生活中居于中心地位的观点，多数人认为劳动是人的本质的一部分。这些观点反映了一种现象，即由于受到新教工作伦理的影响，在英国和北美等地的文化中工作都处于中心地位。但是，工作处于中心地位是对的吗？我们应当将活动而非工作视为我们人类本质的核心吗？这些导向了对发达的工业社会中工作的前景以及教育在其中所要发挥的作用等问题的讨论。未来我们应该走向何方？是强化工作文化还是想办法用某物取代它？如何把以工作为取向的目的与让人们过上自主而幸福的生活这个目的关联起来？学生的学习应该在多大程度上以功课为中心，尤其是他们不得不做而且往往不愿意做的功课？有无好的替代方案？

　　接下来要介绍的书是《儿童的心灵》（*The Child's Mind*），感谢首都师范大学邵燕楠副教授把它翻译成中文。这本书反映了我在教育哲学领域中除了教育目的之外另一个主要的研究方向——人类心灵的本质及其在学生学习过程中所发挥的作用。当谈及心灵及其功能时，我们也许会认为它们完全属于心理学（一种实证科学）的研究范围，但其实也可以从哲学层面反思这类主题。哲学层面的反思很大程度上与我们对自己所熟悉的一些相互关联的观念的非实证性反思有关。这些观念包括："思考""感到疼痛""感到愤怒""想要去做某件事""运用想象力"等，而统领这一切的是"心灵"。这本书力图表明，明确这些观念对于弄清楚儿童是如何学习的非常重要。这本书的研究主题还包括：儿童如何学习概念，儿童如何形成信念、理解能力，儿童如何掌握知识和技能，技能是否可教，智力的本质及其测验，儿童情感的发展，儿童通过学习变得富有想象力和创造力，激发儿童的动机……。这本书用简单明了的语言对儿童的心灵做了非技术性的介绍，无论读者有无哲学背景，应该均能读懂。

第四本专著《儿童幸福与学校教育》（*Exploring Well-being in Schools: A Guide to Making Children's Lives More Fulfilling*）是由杨杏芳教授和赵显通博士翻译的。杨杏芳教授就职于华中师范大学，曾于 2013 年在伦敦大学教育学院访学，我们也是在那个时候结识的；赵显通则是伦敦大学学院教育学院的毕业生，目前在西南大学工作，从 2014 年起我和他就已经在很多事情上展开了合作。感谢他们不仅翻译了这本专著，还与石中英教授合作，为整套文集的出版做了大量工作。

从我写第一本教育哲学专著《走向必修课程》（*Towards a Compulsory Curriculum*）起，我便一直把个人幸福视作教育目的的核心，读者从我之前对《再论教育目的》《教育与工作的目的：对工作和学习的一种新的哲学审视》这两本书的有关介绍中可以清楚地看到这一点。《儿童幸福与学校教育》是对"个人幸福"这个主题的全方位拓展，它反映了我从早年开始写教育哲学著作以来关于幸福的思考是如何变化的。像《儿童的心灵》一样，这本书的语言比较通俗易懂，适合教师和其他没有哲学背景的读者阅读。围绕幸福，该书探讨了与之高度相关的诸多内容，包括宗教思想及其精神遗产，基本需求的满足，幸福与道德规范的关系，生命的意义，快乐生活的内涵，有价值的活动的含义，人们追求名声、财富与"地位性商品"存在的一些问题，等等。

除了以上著作外，这套文集还收入了由我近些年所写的多篇文章组成的论文集的中文版——《教育哲学的视界》，感谢杨杏芳教授和赵显通博士为这本论文集所做的工作。这本论文集收入了《幸福中心主义》（The Centrality of Well-being）这篇文章的中文版，我在其中简短交代了我自 20 世纪 60 年代以来在教育哲学领域所取得的研究进展。在其他几篇文章中，我从不同的方面探讨了教育与幸福之间的联系，并提出了诸如生活的意义、文化的功能，以及学生在多数人都陷入时间短缺的情况下如何过上充实的生活这类问题。此外，这本论文集中还有数篇论文涉及"何谓受过良好的教育""学校教育的目的应当是什么"等问题，后者尤其关注在理论和政策层面小学阶段的教育目的。这本论文集中还有一些文章反映了我对教育领域中一些流行的理论、教育活动、教育制度等的看法，比如多元智能理论、儿童哲学、学校的考试制度等。这本论文集涉及的其他主题有：人文主义对教育的影响、民主社会的教育目的、教育哲学对于政策的重要性、当今世界的经济形势对于学生的影响等。

　　能够在中国出版这套文集，是我的荣幸。希望这套文集的出版，能够进一步巩固中英两国教育哲学领域的研究者之间的紧密联系。特别感谢这套文集的组织者，感谢这套文集众多优秀的译者，深深感谢你们以及我的其他中国朋友们，是你们使这一切成为可能！

约翰·怀特（John White）

2020 年 11 月

致　　谢

我要感谢我在伦敦教育学院^①的硕士生们，他们听过或者读过本书早期的草稿，他们的批评迫使我重构了我的主要论据，有时重构得非常彻底。我曾在雷丁、埃克塞特、伯明翰和伦敦向教育哲学学会成员宣读过我的论文，我要感谢他们对本书第 3 章做出的评价。同时，我也要感谢伦敦教育学院教育哲学政策研究小组的成员对本书第 3 章的评论。

彼得斯（R. Peters）教授和劳特利奇（Routledge）出版社的匿名读者提出的意见在写作的最后阶段被证明是非常有帮助的，我要热切感谢他们的细致和睿智。

我的同事海顿（G. Haydon）欣然阅读了本书的初稿并提出了意见。我的妻子和同事帕特里夏·怀特（P. White）对我的恩情我难以言表，这部分在于本书内容，因为教育学生成为参与式民主的成员这一基本观点深受她的思想影响。她的敏锐和不断鼓励贯穿我写作和改写的过程，几乎一切都要归功于她。我还想对我们的女儿路易丝（Louise）表示感谢和歉意。她最不喜欢的三件事是哲学、教育和政治，但在过去的几年里，她不得不忍受我们在家大量讨论教育目的。

最后，我要感谢辛普森（E. M. Simpson）夫人和西富恩特斯（B. Cifuentes）帮助我准备本书的打印稿。

---

① 此处怀特所写的"伦敦教育学院"（the London Institute of Education）即伦敦大学教育学院，该机构 2014 年与伦敦大学学院（University College London，UCL）合并，更名为伦敦大学学院教育学院（the UCL Institute of Education）。参见 https://www.ucl.ac.uk/ioe/about-ioe/history-ioe。——译者注

序

本书绝对算不上一部长篇著作，但据我所知，它可以说是自 1929 年怀特海（A. N. Whitehead）出版《教育的目的》（Whitehead, 1929）一书以来关于教育目的这一主题的最长的作品——可以说自怀特海以来吗？不尽然。怀特海的《教育的目的》是一本论文集，涵盖多个主题，只有一篇论文讨论了书名中的主题——教育的目的。就教育目的这一问题的重要性来看，这或许有些奇怪，但若是我没有弄错的话，目前确实还没有专门论述各类教育目的之重点的专著。

这使我在写这篇序时有些"最后一刻"的紧张感。也许之所以没有人尝试专门著书论述教育目的，有非常重要的原因。这个主题是不是大得超乎想象？是不是与终极价值、社会利益、人类在宇宙中的地位这些错综复杂的基本问题紧密交织，以至于鸿篇巨制也无法将其阐述清楚？或者恰恰相反，讨论教育目的本就没什么意义，因为教育本来就没有目的，或是因为任何讨论结果最终都是纯粹主观的刻苦钻研？

我更愿意相信还有别的解释。至少在过去二十年间，教育类文章的关键词是"课程"，而不是"目的"。在学校委员会和其他机构的支持下，关于学校课程方方面面的项目、书籍和文章不断涌现。在我看来，有一件事渐渐变得清晰：尽管很多工作在细节上非常出色，但它们不能孤立存在，需要一幅总体图景将这些零碎的工作整合起来，说明它们存在的目的。我想，人们也许可以花很多时间打造一块块石头，有朝一日将其用于房屋建造，而无须对房屋样式有建筑学上的整体概念。在这两件事中，从总体目标出发，逐步深入到具体工作，都会更合理一些。但教育规划是一种社会规划，一旦涉及社会规划，这种从目标出发的做法便似乎不符合英国人的脾性，至少不符合 20 世纪后期英国人的脾性。借用波普尔（K. Popper）"零敲碎打的社会工程"这一有名的说法，"零敲碎打的社会工程"比从根本原则出发更适合我们。回到原点并非社会进步的秘诀。

人们过去可能认为，在所有教育学科中，教育哲学一直高高在上，关于教育目的的一般性讨论正是它应该做的。但直至最近，教育哲学中关于教育目的的讨论大多仍是分析性的。教育哲学确实对教育目的感兴趣，但它对如何理解"目的"这一概念的兴趣不亚于对"教育目的是什么"这种实质性问题的兴趣。而在研究实质性问题时，教育哲学大部分研究都集中在"幸福""成长""心理健康""自主"等特定目的上，而没有试着从整体来考察这些目的以及其他目的应该如何联系在一起、各类目的的重要程度如何。

即使在这些零散的研究中，教育哲学家们在论述教育目的应该是什么时，态度也非常谨慎，因为他们觉得这类问题不在他们的学科研究范围之内。哲学并不规定应该做什么，哲学的任务是以"二阶"的方式来澄清理论中所蕴含的概念、论点和假设，在教育领域就是讨论教育理论。现在我们也许触及了缺乏对教育目的之详细论述的深层原因。教育理论在过去二三十年被分解为各自独立的专业——教育心理学、教育社会学、教育史、教学哲学等等，其中没有一个专业有责任研究教育目的是什么。社会学家也许会研究现实中存在哪些教育目的，并试着解释为什么会有这些教育目的。其他从事经验性研究的人可以研究教育目的的历史沿革并进行国际比较。至于哲学家的态度，上文已经有所表述。

讨论或研究教育目的对教师和见习教师来说相当难。特别是在像英格兰这样的自治学校系统中，学校理论上可以设定自己的教育目的，许多学生和教师——只要不是坚决仇视教育理论的学生和教师——应该会欢迎有关教育目的的指导，只要这些指导能激励他们对此问题进行思考。教育哲学家所做的那些零碎的研究当然有所帮助，但却几乎没人试着给出一个整体描述，仅仅是因为没有人把研究教育目的当作自己的任务。[1] 举个例子来说，英国最大的教育学院伦敦教育学院直到最近几年才给教育专业研究生（可以获得英国教师资格证）开设有关教育目的应该是什么的普通课程，这些课程的理论性还特别强。

本书试着勾画出教育目的之全貌：教育目的有哪些？各种教育目的优先考虑什么？它们的相互关系如何？总之，这本书是哲学性的，不过如果有人反对，认为我脱离中立的分析，就教育目的应该是什么提出个人观点，所进行的因而不能算是哲学研究，我也不会太在意。想叫什么就叫什么吧——诡辩、道德说教，哪怕叫作"糊糊"也行，据说教育理论的新专业已经将我们从"糊糊"中拯救出来了。不管怎样，我认为有一些这样经过慎重思考的讨论总比完全没有好。幸运的是，哲学思考和提出切实可行的建议之间的界限比二十年前要模糊多了。假如我担心自己在攀登险峻的哲学阶梯时摔下来掉入泥潭，那么这种担心也许是多余的，事实上我也并没有担心。[2]

目录中各章标题清楚地展示了这本书的组织与结构。第 1 章为引论，讨论我们究竟需不需要教育目的以及是否没有目的也可以。第 2 章考察内在目的，特别是追求知识和理解力本身这一目的。第 3 章把我们引入以学生为中心的目的中，讨论如何理解学生利益。第 4 章和第 5 章实际上是社会性目的之两个部分。第 4 章将第 3 章中所讲的以学生为中心的目的与经济目的和道德目的联系起来。第 5 章回过头来将道德目的延伸至经济领域和公民素养方面进行讨论。第 6 章将先前的讨论综合起来，勾勒出受过教育的人的整体画像。第 7 章是最后一章，讨论在现实中如何实现教育目的，其中特别考虑了当代英国的背景。

目　录

第1章 引论

　　本书试图回答的问题只有一个:"教育的目的应该是什么? "教师,特别是中小学教师,自然会对这个问题感兴趣,因为他们必须根据更宏观的目的确定详细的教学大纲和教学方法。教师虽然数量众多,却不是我们社会中人数最多的一类教育者——父母才是。虽然并非所有的父母都将自己看作教育者,他们往往认为只有专业教育工作者才会对我们一开始提出的那个问题感兴趣,但父母有义务关心这个问题。孩子5岁前,父母是孩子唯一的教育者。等孩子上学了,父母对孩子所经历的事情的态度对于孩子教育的成败至关重要。

　　不仅教师和父母有责任反思教育目的应该是什么,每个公民都应关心这一问题。"我们的社会应该是什么样的社会"是每个公民无法回避的问题,这一问题与教育问题有许多重合之处,找不到合理的分开两者的方法。因此,教育目的这一问题对有的人,对教师和父母来说,有着直接的现实重要性,因为对这一问题的回答有助于打造他们的工作或角色的种种细节。不仅如此,它更与我们每个人广泛相关。

　　"教育的目的应该是什么? "这个问题还与另一个问题紧密联系在一起,那就是"应该由谁来决定这些目的? "。这里的"决定"(determine)不同于"思考"(reflect on)。任何人大概都可以思考。比如说,我这本书就是一种思考,但我不能因此就宣称我决定了像学校这样的教育机构所应该采取的教育目的。而这正是这个问题的意图所在。每所学校都应该有教育目的,并在此基础上设计课程、教学大纲和教学方法。由谁来决定教育

2

目的呢？是不是像最近英格兰和威尔士那样（虽然这种做法并非由来已久），在有教师帮助或没有教师帮助的情况下，由校长来决定呢？或像现在有的人开始认为的那样，由中央政府或地方政府决定，或由教师、政客和父母共同决定呢？

教育目的的内容和教育目的的决定权这两个问题不能分开讨论，因为对一个问题的回答往往蕴含着另一个问题的答案。教育目的应该是什么？对于这个问题大体有两种看法。一种认为教育本身或多或少有些独立事业的意味，它自身蕴含着教育目的。最了解教育目的的人是最了解教育的人，即教师。第二种看法则对教育的独立性提出疑问，认为将教育与更广阔的社会分离缺乏正当理由。教育培养未来的劳动者和公民，这实际上是为社会生活做准备。由于教师缺乏专门知识，无法确定各行各业的教育需求是什么，也不能确定公民的权利与义务包括哪些内容，因此有人认为不应该将教育目的的决定权交给教师。

并非每个思考过教育目的的人都持上述观点中的一种。有人两种观点都赞同，他们认为教育既是内在的，也是外在的。我将教育目的分成两大类，可以起到一定的标识作用，但关于教育目的的看法多种多样，这一分类过于粗略，无法应对这种多样性。比如说，认同教育具有社会性目的的人也并不都希望教师失去其一向拥有的对教育目的的决定权。

进一步探究这些复杂的问题要进入实质性的讨论，而实质性的讨论最好在后面进行。在此我将重点关注"教育的目的应该是什么？"这一问题，并在讨论过程中逐步揭示这个问题对另一问题——谁有决定权——的启示。

在这个主要问题上，我尽量广撒网，囊括目前教育界所有主要观点。有人认为教育的目的应该是增长理解（或知识、推理、思维）能力本身；而有人认为教育应该帮助学生充分发挥自己的潜能。有人将"个性"或

3

"个人自主"当作头等重要的事。有人相信全面发展，相信动脑与动手均衡发展、艺术与科学均衡发展；有人则更重视在专长上出类拔萃。还有的人谈到社会的需求，认为教育应该为社会培养有读写能力和计算能力的劳

动力,或是培养能参与民主生活的有才智的人。有人强调艺术与文化,有人强调道德品质,教育目的多得数不清。上述目的都是教师们熟悉的,有的是他们在培训期间接触过的教育信条,有的来自教学实践经验。虽然如此,我怀疑只有少数教师有机会耐心地审视这些目的,一一比较,找出目的之间的联系,然后得出合理的结论,决定最终采纳什么目的。

教育工作者一定要清楚教育目的,否则肯定会影响教育质量。假若不能再依赖传统为教育系统提供一套被大家一致接受的教育目的,教育系统各部分之间的统一性就会受到威胁。小学教育一定要与中学教育衔接,中学教育要与大学教育衔接。师资培养机构必须与学校工作保持一致。机构间的合作要求各机构在目标上达成一定程度的一致。如果不能依靠传统来保证一致性,那就只能通过理性的讨论了。显然,不仅机构间如此,机构内部也是如此。在学校员工中,每一个员工对某个孩子的教育一定要与其他员工的教育契合,只有这样,这个孩子的学习才能成为一个连贯的整体。这也要求集体对教育目的的思考不能少于对教育方式的思考。如果这个是确定的,我们又该如何着手进行思考呢?我们在设法确定教育目的的时候应该遵循什么原则呢?

深入思考教育概念

一个人如果不懂教育是什么,就无法谈论教育的目的应该是什么,这个道理对有些人来说是显而易见的。近年来,一些注重分析的教育哲学家对这一论点特别感兴趣。他们认为自己的中心任务是概念分析,他们认为,我们一旦了解了与教育在逻辑上相关的其他概念,就能进一步追问教育的目的及其合理性。确实,我们也许会发现通过分析本身,已经回答或部分回答了这些问题。要了解足球运动员踢足球的目的,我们需要知道足球是什么。一旦我们知道了足球是什么,我们就会发现足球有其内在的目

4

的（比如每个队都要比对手多进球），这些内在的目的与球员们的外在目的（如名气或财富）相差甚远。在这方面，难道教育不可能与足球相似吗？通过逻辑分析来发现教育事业本质上所蕴含的东西，难道不能至少发现它的内在目的吗？

这曾是过去二十年几位教育哲学家的希望，但这一希望从未实现过。要想给出人人认同的关于足球的客观说明，完全不是什么难事，但对于教育而言，问题的难点在于，到目前为止，几乎没有哪一种关于教育的分析是没有争议的。人们经常指责分析者在描述教育这个概念所包含的内容时，将自己对教育应该是什么的理解融入其中。即便经过分析得出教育的内在目的，这些目的也只是分析者在一开始输入的价值判断。

输入目的或价值判断本身并不是坏事。事实上，本书大部分内容都是围绕价值判断展开的。将价值判断纳入分析的缺点是没有对这些价值判断进行论证。如果有人真正对教育目的进行论证，论述其成立的理由，与其他目的之间的关系，与其他目的相比的优越性，等等，那么他很快就会发现，这项工作本身就是一个大工程。也就是说，如果不对教育目的应该是什么进行详尽的讨论，就无法成功发现教育是什么。

过于急切地想进行分析而不对教育目的进行充分论证，会带来不幸的后果，包括实践上的后果。以唐尼（R. Downie）、劳德福特（E. Loudfoot）、特尔弗（E. Telfer）所著的《教育与人际关系》（*Education and Personal Relationships*）一书对教育的阐述为例，作者们合理驳斥了前人将教育定义为"对有内在价值的活动的引导"的尝试。他们认为，这些定义一开始就否定了外在目的存在的可能性，而这来自一种价值判断，即教育应该只关注具有内在价值的活动本身。接着，作者们表明他们将"中立"地描述教育，考虑内在目的和外在目的两种可能性。这就是说，受过教育的人是知识面广、掌握了不同种类知识的人，包括事实性知识、如何做事的实践知识、通过艺术作品和其他物品获得的知识。他们对概念所做的更为详细的阐述不是我们这里关心的问题，我们只需要注意，他们宣称他们对教育的描述与在教育机构工作的人对教育的大体看法是一致的。简述了教育概念之后，他们开始论述其合理性。为什么具有上述知识是受过教育的人的特征呢？他们认为有两种原因，内在原因（即知识本身就值得追求）和外在原因（即达到诸如个体幸福、道德品质、社会利益这类进一步的目的也需要知识）。这些理由并非都是可以接受的，唐尼等人的书用了很大篇幅排除那些不被接受的理由。

将受教育程度与掌握知识如此紧密地联系在一起，使这些作者陷入过度限制教育范围的危险之中。很多人会主张，在教育儿童时，塑造他们的品质与传授知识同样重要，知识可以用来行善，也可以用来作恶，所以教育者必须培养孩子做事讲道德的品质，让他们觉得用知识去作恶是不可想象的。顺便说一句，我并非一定提倡这种教育观点。这里的问题是方法论问题。如果一开头就详细描述教育的概念，就会产生一种风险，即一开始就忽视整个维度的某些可能的教育目的。如果接下来讨论合理性，就会像唐尼等人一样，已经将要论证的范围限制住了。受教育的人为什么要有知识这一点可能得到了充分的讨论，但其他问题，如他应该有仁慈的特质还是以自我为中心的特质，可能永远不会被讨论。

"尽管如此，"有人也许会说，"即便唐尼或其他人对教育的论述不可行，如果我们要问教育的目的应该是什么，我们就必须知道我们在讨论什么，所以我们必须对教育是什么有一定的了解。"

很好。假使我尽量用最朴实的方式来描述教育，我会将教育定义为单纯的抚育。如果这样定义的话，问教育目的应该是什么，就等于问：在养育儿童或年轻人时应该有怎样的目的？我们应该期望他们具有怎样的成就、品格、智力或诸如此类的东西？我希望我将问题表述得足够宽泛，能涵盖大家公认的一系列目的，并且不排除任何可能性。反对者也许会对"抚育"这个词吹毛求疵，有的人认为这个词在实际应用中比教育更宽泛，有的人则会用成人教育来反驳，认为这个词涵盖的范围太小。对这类概念上的争论，我已经失去了过往可能还有的热情。和那些急于分析教育的概

6 念而不能静下心来考察自己关于教育目的之内隐信念的人不同，我急切地——也许有人说过于急切地——抛弃概念分析，想尽快进入正题。教育目的对教师、家长、公民的工作，或说得更广一点，对他们的生活有直接的影响，因此这些人对教育目的最感到困惑，而他们最关注的是如何养育儿童。我也是如此。如果有人更注重纯理论，或更具体地说注重词典学的研究，我只好不管他们，让他们执着其中好了。

教育目的是必需的吗？

综上所述，我将不借助概念分析来进入我们的主题，而是直接讨论有哪些关于教育目的的看法。但在此之前，最好先澄清一个问题。从下一章开始一直到本书结束，我将理所当然地认为教育应该有某种目的，尽管对这种目的应该是什么仍有争论。教育者需要教育目的，这似乎是不言自明的。教育当然是一种有意图、有目的的事业，怎么可能不是呢？然而近年来，有人提出了"教育者必须有目的吗？"这一问题（Peters，1959），对这一问题的一些回答似乎在挑战这种不言而喻性。

然而，这些回答都不能削弱教育目的的不言而喻性。有人反对诸如成长、幸福、社会利益之类的目的，因为这类目的过于宽泛，起不到实际的指导作用。有些人提出用一些限制性更强、更易达成的"目标"（objectives）来取代教育目的，这类目标通常具有行为主义的特点，如学习某门法语课程的学生在课程结束时能够使用某种语法结构。有些人则不那么强调目的，更强调"过程性原则"（principles of procedure）。教师传授的最重要的东西，诸如对理性的崇尚、仁爱、宽容，都没有写入教学大纲，而是蕴含在教师授课的方式中。有人认为，我们若只把目光放在最终成果上，就很容易忽视所用方式的道德性。

这两种立场都不能否认教育目的的存在。目标不能取代目的，因为小规模的目标也仍然是目的。不仅如此，小规模的目标，如使用法语中某些动词形式的能力，也必须具有某种合理性才能作为目标，否则整体来看就太武断了。如果我们追溯得够远，就不难发现，要想证明目标的合理性，必然会涉及一般性的教育目的。

强调过程性原则的说法想当然地认为教师希望培养学生崇尚理性、仁爱或其他精神。教师所做的，就是其目的所在。至于他不通过课本教学，而是通过特定的教学方式来达成目的这一事实，完全不能表明他没有目的，亦不能表明目的没有人们有时认为的那么重要。

关于这两种批判性的观点还有很多要说的。这两种观点提醒我们，光有更多一般性的目的是不够的，具体的目标也必不可少，这些一般性的目的在课程目标中并不总有特定的说明，它有时候体现在过程性原则中。关于"目标论"者"只有行为目标才令人满意"的说法，我也有很多要说的。但由于对这一论断所造成的概念上的混淆近年来已有充分的讨论，在此就不再赘述了。

还有一个论点我尚未充分涉及，那就是高层次的目的陈述对于指导行动没有实际的作用。T. P. 能（T. P. Nunn）所著的《教育原理》（*Education: Its Data and First Principles*）扉页上所写的或许是最有名也最有影响力的表述。T. P. 能认为，企图为教育设定一个普适的目的多半是错误的，不论提出什么目的，由于每个人的生活理想不同，对目的的诠释也会随之不同："品格的形成"或"为完整的生活做准备"这样的目的对于 A 来说很有意义，但对于 B 来说也许很荒谬甚至极具侮辱性，如此种种。T. P. 能告诉我们："愤世嫉俗者也许会宣称，我们所引用的箴言的真正用处是用语言的雾幕遮掩教育理念和实践的差异，这些差异大得不可调和，严肃得无法公之于众。"（Nunn，1920，p.9）

T. P. 能提出了什么观点呢？他坚定地认为，个体的生活理想差异很大，"没有哪种普适的教育目的能将所有的生活理想都包括进来，因为有多少人就有多少种理想"（Nunn，1920，p.13）。相反地，"应该将教育限定于努力为每个个体创造条件，使其个性能够得到最充分的发展"（Nunn，1920，p.13）。

8 　　T. P. 能的这一观点含混不清。他没有证明他一开始提出的观点，即不存在普适的教育目的。坚持个性的全面发展肯定要有一个普适的目的。T. P. 能认为并不存在一个能将所有的生活理想包括进来的普适的目的，但他对个性的倡导本身就体现了一种普适的理想。并非每个人都认同他的观点，尤其是他后来给出的生物学上的解释（我们将在第 3 章进一步讨论这一点）。如同其他普适的目的一样，T. P. 能的观点需要合理性论证。

　　T. P. 能这种含混不清的观点一直持续到了我们这一代，部分原因在于他的书一直很受欢迎。T. P. 能大力宣扬"以儿童为中心"，很多继承了这种传统的人会告诉你，教师将目的强加于儿童是不对的，因为如果要让儿童充分发展，就必须允许他们自由探索并努力实现自身的目的——这里所隐含的目的往往是不被承认的。

　　我希望上述思考足以驳斥那些认为教育目的不重要的说法。从现在开始，我将主张教育目的是极其重要的，最迫切的任务是发现哪些目的最为人们所接受。在离开反目的论的立场之前，还有一件事要说。我在前面说过，"教育目的应该是什么？"这一问题与"谁来决定教育目的？"这一问题无法分离，最近的讨论也从一方面证实了这点。如果不能将目的强加于儿童，我们就更有理由认为学校外部的机构，无论是地方政府、中央政府、学校委员会还是其他机构，都无权将目的强加于儿童。持这种观点的教师可能会因此抵抗当前的压力，反对取消学校在教育目的和课程安排方面的自治权。

　　并非只有教师们持这种观点。下一章我们会接触到另一批教育学家，他们也支持学校自治，但理由很不一样。

第2章 教育的内在目的

教育应该有"内在"目的，要想准确论述这点，难免牵涉到各种辨析和限定条件，但论点的核心应该足够清楚，即教育成就——如孩子们所掌握的知识和技能——本身应当被看作是有价值的，这一内在价值与其他可能的价值，如职业价值，非常不同。

许多教师和教育学家会认同这一"内在"理论，他们的侧重点自然也是不同的。有的人可能想断言教育的唯一目的是内在的；而也许有更多人认为，虽然职业目的或社会目的这类目的不容忽视，但内在目的非常重要，甚至处于核心地位。对教育成就的看法也是各不相同。有人认为这样的或那样的知识，其本身是重要的；有人则将审美、创造力或其他更多的内容包括进来。强调知识重要性的人又分为两派，一派认为仅仅是掌握知识就具有内在价值，另一派则声言内在价值不在于掌握知识而在于追求知识，比如，历史教学的目的不应该是让学生获取一堆历史知识或探究技能，而是要让他们积极参与到历史研究中。

关于教育目的的多种论证

将关于这一主题的种种情况都讨论一番势必会让人厌烦。我们需要探究的是这一主题本身，尤其是用以论证它的理由。关键问题是：为什么至少有一些教育目的应该是内在的？

我们在上一章曾提到过一种答案。比方说，"教育"可以被定义为"对有内在价值的活动的引导"，对这个定义进行分析就可以得出教育必须有内在目的的结论。但这样的分析显然不会让我们有多大进展，因为我们还是需要知道我们是否接受这样的定义，这相当于又回到了起点——我们还是要思考教育目的是否应该是内在的。

20世纪60年代后期，教育哲学家中曾流行一种更实质性的回答，它基于所谓的"超验"论证（Peters, 1966, p.164；Hirst, 1965, p.126）。这一说法已经在其他地方得到了彻底的讨论与批判，我印象最深的是，这一说法早期的拥护者现在没有几个（如果有的话）还会坚持当初的观点（White, 1973；Downie et al., 1974）。这一观点在用来论证"追求知识本身就具有内在价值"这一特定的主张时显得最为有理。它坚称，假设一个理性的人怀疑或否认这一主张，他就会发现自己的立场自相矛盾，并且这一矛盾无法化解。因为怀疑知识具有内在价值的人在追问"为什么追求知识？"的时候，实际上就已经在致力于追求他所要论证的东西。他进行严肃追问的前提是他认为，去了解一些东西，试着获取有根据的、正确的信念是值得的。这一论证乍看之下很诱人，但仔细审视后就会发现，它显然是不充分的。怀疑论者的"致力于追求知识"与教育学家心中的"致力于追求知识"是两码事：教育学家所说的追求知识指的是追求某一分支领域的知识，比如历史或科学知识；怀疑论者所说的"知识"不是分支领域的知识，更不是兼容并蓄的所有领域的知识，他所说的"知识"顶多是指能够回答他的问题的某一具体知识。在这个意义上，任何提问者都可以说是在追求知识，一个人问"现在几点了？"是想知道时间，但事实上他并没有致力于追求历史、数学或其他知识。

这种"超验"论证还有各种其他问题。比如，提问者在发问时是否是出于外在原因这一点是无法保证的，而"超验"论证也没有说明为什么应该为了追求知识而追求知识。即便我们接受知识本身具有内在价值这一结论，"超验"论证也没有给出任何理由说明为什么教育必须以追求知识为目的（也就是说，没有从定义上来保证这一点）。不过，我们也没必要仔细梳理这些过时的问题。

对于"内在目的"的第三种论证出现在我们前面提到过的唐尼等人的《教育与人际关系》一书中。在他们看来，受教育就是掌握范围广泛、种类繁多的知识，并具有相应的理解力。他们反对"超验"论证，并说道：

> 有关教育的最简单的道理，最后看来也许是最令人满意的道理，在于教育的内在目的性。教育的内在目的——或者说构成教育的精神——本身就是有益的，本身就是值得追求的。如果有人问我们何以知道，我们的回答是，在不同时代，许多人都是这么说的。换句话说，我们得出这一结论，靠的是现在所说的"直觉"。当然，每个时代的具体内容有所不同，但受过教育的头脑，或者说拥有知识和理解力，本身是有益的——这个一般性的观点由来已久，广为人知。然而，基于直觉得出的结论在严格意义上来说是否算是知识，相当值得怀疑，因为似乎没有办法检验或证实它。我们倒不如说这是一种"信仰"或"信念"。（ Downie et al.，1974，p.50 ）

关于内在目的的第三种论证并不比前两种更有说服力，不过在某种程度上它更具启发性。它告诉我们，每一个时代都有许多人相信掌握知识本身就是一件好事，但这一事实丝毫不能说明掌握知识本身一定有益，因为那些人可能都是错的。唐尼等人后来指出，认为这种广为流传的信念完全建立在错觉之上的假设是不合理的，但他们没有说为什么不合理。

虽然这种论点不是很有说服力，但是它提醒我们内在目的理论在历史上一直很流行，这有助于我们正确看待这一理论。在 50 年至 100 年前，论证将掌握或追求知识作为教育的根本目的这一观点的合理性毫无问题，在那个时期，英国目前国民教育制度的基础初步形成：有关教育的信念在当时被纳入不断增长的社会结构中，并且现在可能仍以弱化了的形式伴随着我们。当时英国的主流哲学是来自格林（T. H. Green）和布拉德雷（F. H. Bradley）的黑格尔唯心主义哲学，特别是格林，他和他的弟子对英国的教育系统，以及贯穿其中的教育理念的形成产生了深远的影响（Gordon and White, 1979）。

格林在《伦理学绪论》（*Prolegomena to Ethics*）一书中含蓄地阐释了一种教育哲学，那是一种宗教哲学。像黑格尔那样，上帝被想象为思想或理性。我们所在的世界，包括我们自己，都因为一种神圣的目的而具有活力：在此目的之中，上帝正逐步实现自我，只有当上帝充分感知他自身就是作为思想的存在，这一过程才算圆满。然而，上帝是如何达成自我实现的？他并不像其他教义宣称的那样，是宇宙的超验创造者：宇宙本身就是内在神性的表达。无生命的自然界无法提供自我意识，只有在人身上才能找到这种意识，因此，人是上帝的载体；只有当人在对自身和自然界的了解中成长时，上帝才能认识他自己。因此，人生最崇高的目的是参与这种神圣的自我实现。上帝的目的就是我们的目的。当我们的意识层次提升，变得更博学、更理性，更了解我们自己和周围的世界时，我们便集体达成了自我实现。这一理论认为，将知识或理解力应用于其自身以外的事物（如用于解决技术问题）并不重要。上帝是纯粹的思想，当人类在纯粹的思想中成长时，他们便成为上帝的载体。

由此看来，唯心主义所倡导的，为了知识本身而促进知识增长的教育目的，可以在更广泛的形而上学理论中得到支持。在 19、20 世纪之交，让具有哲学倾向的教育家们来论证为什么要追求这一教育目的不会有任何问题，鉴于他们的宗教假设，这一教育目的的可取性应该是显而易见的。

黑格尔唯心主义哲学受益于亚里士多德。亚里士多德也主张教育应该以知识本身为目的。亚里士多德的理由是，人生存的目的是过一种最适合其天性的生活，而这一目的是先天决定的。由于理性将人与低等动物区分开来，人的目的以及受教育的目的就是追求理性活动，不因为别的，只因为理性活动是理性的。

自古希腊以来，为知识本身而追求知识始终是一个神圣的教育目的。亚里士多德用形而上学的网将其包裹起来，而 19 世纪的思潮，尤其是唯心主义，将形而上学之网复杂化了，也许使其变得更晦涩，却没有强化它。关于教育内在目的性的这些观点显然依赖于其假设，这些假设使这些观点很难令当今的人们接受，尤其是"人类的目的是由天性或上帝预先决定的"这一共同的目的论假设，我们在此不对这些比较老的有关教育内在目的性的说法做批判性讨论，之所以提到它们，主要是想通过对比，更好地理解现在的内在目的理论。如今，内在目的理论在许多地方仍然存在，但已经脱去昔日的外衣，与种种考虑脱离开来，超然独立。

这种脱离不是一夜之间完成的，从过去唯心主义者掌控的理论变成现在更为简单的理论，其中起到重要过渡作用的人物是杜威（J. Dewey）。

杜威年轻时深受格林的唯心主义吸引。同那个时代的许多宗教人士一样，杜威发觉自己陷入一种精神迷茫之中，越来越无法将新教教义与新的科学思想，特别是达尔文的理论统一起来。格林的理性主义宗教似乎因避开了对进化论的担忧和对圣经的历史考察而别具魅力。杜威在理性主义的道路上愈行愈远，很快就彻底抛弃了宗教信仰，也放弃了唯心主义哲学，但是他的作品中还保留了一些唯心主义哲学的痕迹。首先，与唯心主义者一样，对于杜威来说，哲学自身从来没有分离出其独立的目的，它依然与教育目的紧密相关。杜威还保留了"自我实现"这一基本的唯心主义概念，不过他很早就更改了术语，将其称为"成长"。其次，对于唯心主义者来说，教育的根本目的在于无止境地提升个人意识，使其越来越能胜任神性的载体。同样地，杜威也认为教育的本质是无止境地促进个人心智的成长。对他来说，教育没有外在的目的，成长是其内在目的（Dewey，1916，p.50）。唯心主义者或许也说过同样的话，但他们有形而上学的理据。杜威没有用到形而上学的理据，或者说他将其转换成了另一种方式。对于唯心主义者来说，提升人的意识并不是为了推动上帝的旨意这一外在目的。上帝只作为理性存在，因此，表面上的外在目的归根到底还是内在目的。杜威去除了唯心主义中的宗教部分，保留了成长本身。或者更确切地说，由于杜威用进化中的自然取代了有关神圣旨意在世间逐渐展现的观点，因此归根到底，成长非常重要，因为它与进化过程的开放性一致。

杜威从宗教视角到生物学视角的转变也带来了"成长"这一概念的变化。唯心主义者认为智力发展指推理和思维能力发展。杜威深受智力在自然中进化这一思想的影响，他认为智力发展首先具有实用性，即当无法使用通常的手段时，能应用新方法来达到目的。智力被重新定义为解决问题的能力。

杜威保留了教育除了意识的成长本身之外没有其他目的的论点，同时将旧的宗教理据从教育中剔除，使得这一观点能够延续至今。

那么，在我们这样的世俗社会中，为了知识本身而追求知识这一目的就没有立足之地了吗？即便没有古老的形而上学理据，难道没有任何东西可以支持这个目的吗？

麦金太尔（A. MacIntyre）在1964年提出了一种能为许多人接受的非宗教观点。他在《反对功利主义》（Against Utilitarianism）一文中指出，教育不应仅仅关注工具性利益，如帮助就业、推动工业生产、促进商品与服务消费进而推动生产等等。一个只热衷于手段，而不关注这些手段可能带来的终极目的的社会是非理性的，教育系统同样如此。麦金太尔认为教育的目的应该是：

> 帮助人们发现一些以自身为目的的活动；而智力探究恰恰就提供了这样的活动。智力探究这一关键能力应该是教育的成果，它只直接为自身服务，只为进行探究的人服务。（MacIntyre，1964，p.19）

麦金太尔又进一步澄清了这段话。理性的、批判性的探究不应狭隘地局限于理论活动。"感性要经过筛选和批评，否则就只能归入非理性之列。"（MacIntyre，1964，p.21）我们可以认为，艺术和科学或哲学一样，都要在具有终极价值的事物之中找到自己的位置。不仅如此，其目的更具一般性。"教育的首要任务是传授活动本身的价值。"（MacIntyre，1964，p.21）

麦金太尔的思路也与其他学者的观点相呼应。但他和他们中的许多人一样，没有做出一个关键的区分。事实上，在他的论述中，两种非常不同的教育理论交织在一起：第一种理论站得住脚并且至关重要，但在实际的教育安排中却很少得到应有的重视；第二种理论站不住脚但却十分符合传统假设。

第一种理论认为，教育不仅要关注达到目的的手段，还必须做一些提升目的本身的事情。这当然是可以接受的。如果教育者一味地关注手段，那一定是不理性的。第一种理论并不意味着教育根本不应该关注手段，而是说仅仅关注手段是不够的。更重要的是，第一种理论也不意味着关注目的就只能关注学生的目的。人们可能会认为，应该培养学生相信自己应该帮助自己和他人参与活动，并且参与活动是为了活动本身。这与第一种理论是完全一致的。

第二种理论认为，教育的目的应该是让学生参与（极其重要的）活动本身。核心能力应该成为教育的成果，只直接为自身服务，只为进行探究的人服务（MacIntyre，1964，p.19）。如上一段所言，第二种理论是毫无根据的。上面提到教育应该促进以其自身为目的的活动，这一命题似乎可以推出以学生为中心的结论。但事实上，从这个命题无法推出这个结论。

区分这两种理论绝不是学究气，而是至关重要的，因为它区分了两种截然不同的教育观念。例如，一所中学开设一门技术课程，不是为了技术本身，而是为社会服务，让社会中的每个人而不只是一些人，都能在一定程度上追求某种终极目的。在第二种理论看来，学校这样做偏离了教育的正当目的，因为学校关注了学生的最终目的之外的目的。而在第一种理论看来，教育应该关注目的，但不一定是学生的目的，所以学校这样做并没有偏离教育目的。

只有第一种理论是合理的。但在向第二种理论让步时，我们必须承认，如果"每个人"都要从事以自身为目的的活动（这一点尚未明确），那么学生本人必须被包括在活动内。学生要参与，就必须对这种参与有一定的理解力，或许还需要一定的参与经验。不论工具性活动如何服从于人道的、理性的目的，学生的教育都不能仅仅由工具性活动构成。如果只有工具性活动，他自己就很可能脱离目的本身。如果将第二种理论推广到每一个人身上，我们或许就要回到一个人人忙于手段、没人能够关注目的的社会了。

虽然麦金太尔将教育目的限定为特定的"以自身为目的"的目的，即智力探究，但在刚才概述的两种形式的目的中，他的理论都没有说明为什么要强调这种特定的目的。他的理论只说明自身目的是理性行为的条件，并没有赋予这些目的任何内容。值得指出的是，他的理论也没有将目的与追求知识等同起来，而只是强调目的的内在性。按照这样的说法，如果为了跳舞而跳舞，为了打网球而打网球，那么跳舞和打网球也可以算在这些目的之内。

那种认为教育目的或教育的中心目的应该是让学生学习或掌握知识、增进理解力的理论是没有根据的。宗教或形而上学能为这种理论提供一些支撑，在19世纪人们能接受这类论据，但今天许多人认为其不太可信。如果所有支持这种理论的论据都被否决了，还会有更好的论据吗？如果没有，那么许多中小学、大学的学生都被严重误导了。学生被鼓励钻研中世纪历史或高等数学，但不是出于个人或社区福祉这样的外在目的，那是出于什么呢？如果说是"出于内在的原因"，那这些内在的原因又是什么呢？我们仍然没有任何答案。我年轻的时候确实按这种方式做过，因此说起来免不了有些激动。我在中六[①]的时候学习了中世纪历史。虽然总有些外在的动机，但我觉得自己最好忽视它们，为了"科目本身"去

---

① 中六是英国教育体系中的第六学校，相当于中学最高阶段的两年。一般来说，中六学生年龄为16—18岁，他们为高级水平（A-level）考试或同类考试做准备，以升入大学。——译者注

学习。然而，为了科目本身是什么意思，我一直没明白，但我以为这是因为我自己无知。我认为，只要我钻研得够深，就能找到答案。我从未怀疑过其中的原因。在大学里，我学习历史，甚至更加专注于中世纪历史的细节，但我还是没有找到我一直在寻找的答案。我对教师们有关教育目的的教诲深信不疑，全盘接受。在完成了漫长而昂贵的教育后，我对圣·伯纳德（St. Bernard）的生平了解不少，但对别的东西几乎一无所知——我相信许多人都有同样的经历。这个故事告诉教师的道理是，一定要认真思考你那些有关教育目的的未经审视的观点。如果你对你的教育目的考虑不周，而你的学生又认真对待它们，那么他们多年的时光都将毁在你手上。

说到学生们学习某门课程的原因，我想起本书的主要目的是厘清教育者的目的是什么，而教育者的目的有时与学生的目的大相径庭。在我引用的例子中，我作为学生接受了我的老师的教育目的，或者说我自以为如此。当然，学生通常不清楚教师的目的，特别是年幼的学生。小学教师教算术时也许会将全班分成几个组，每个组的学生扮演商店的服务员和顾客。对于孩子们来说，这不过是一个游戏，本身就很好玩；对于教师而言，这可能是职业基础教育或者为社会培养合格公民而迈出的一步——这两个目的根本算不上内在目的，而我们很可能怀有其中某一个目的，同时认为孩子们至少应该时不时不带任何外在目的地沉浸于课堂活动之中。那些认为教育应该是为了知识本身的人也许是从学生角度来考虑问题的：学习应该是为了学习本身，而不应该为了诸如获得好的班级排名、奖品、教师的表扬之类的奖励。在此我不想论述这一观点的正反面，我只想说，这里的内在目的跟我们所说的教育的内在目的虽然名称一样，但意义不一样。我之所以强调这一区别，是因为这两者很容易混淆。比如，一开始宣扬"孩子们应该享受学习过程本身"，这么说完全合情合理，但此后这一说法便不知不觉地变成了非常不同的观点，认为学习任何东西的最终目的都是享受学习本身。

精英教育之目的与筛选机制

以知识——或者更广义地说，以智力和审美活动——自身为核心目的是值得质疑的。这一核心目的植根于精英教育机构，过去是文法学校，今天是独立学校。这本身并不构成反对的理由，不能说"文法学校（或公学①）有这样的目的，所以这行不通"，我可不希望被人指责我的论证过于糟糕。不管怎样，质疑的原因已经充分显示出来了。然而就实际经验来说，精英学校设立的目标很容易被其他学校（如许多现代中等学校②和综合中学③）打个折扣来仿效，这样一来，为了知识本身而追求知识的观念就不同程度地渗透到了不同学校，进而渗透到整个教育系统。虽然有人会质疑这一目的，尤其是当今，但是它在学校教师以及公众心目中的地位依然很高。

如果这一目的的中心地位是不合理的，那么如同以往许多年一样，千百万儿童的教育都走错了方向。

支持精英（包括独立）教育体制的人始终认为，这样的教育目的无论如何都只适合少数人，不应该推及每个学生。何以见得呢？

有一种看法认为，对智力和审美活动本身的追求只对那些有闲阶层

---

① 公学（public school），英国私立付费中学。"public school"这一叫法出现在18世纪初，与地方学校相对，当时一些文法学校声誉很好，开始面向全国招收能承担得起费用的学生。这些学校在捐赠和管理方面独立于国家的教育系统，因而又叫独立学校（independent school），20世纪末，这些学校倾向于采用"independent schools"的叫法。参见 https：// www.britannica.com/topic/public-school. ——译者注

② 现代中等学校（secondary modern），英国以前的一种中学，招收11—16岁的学生，与文法学校相比更重视实际技能而不太重视学术课程。参见 https：//www.collinsdictionary.com/ dictionary/english/secondary-modern. ——译者注

③ 综合中学（comprehensive school），英国为各种资质的学生设立的中学，希望借此实现教育的民主。参见 https：//www.britannica.com/topic/comprehensive-school. ——译者注

有意义，但这一看法往往没有经过系统阐述。传统的有闲阶层指贵族，在
19 世纪更是扩大到了中产阶级中的富有群体。上层阶级的孩子接受公学
教育，这在一定程度上是基于亚里士多德的观点：有闲阶层接受的教育
应该与其他人不一样。没有闲暇的阶层——亚里士多德所说的奴隶，即现
代的无产阶级——应该学习那些维持阶级社会所必需的东西，即工具性技
能，而不是具有内在价值的东西。

　　另一种解释不见得与阶级制度相关，而是从精英理念出发。假设一个
社会注重对智力和审美的内在卓越追求，假设学者和艺术家在致力于实现
这些价值的高水平学校里接受教育就更有可能取得卓越的成就，假设大部
分学生无法从这样的学校受益，那么这样的社会就有充分的理由建立筛选
机制，将少数有天赋的学生挑选出来，在精英学校中为教育的内在目的而
学习，让大部分学生在别的地方为别的目的而学习（Cooper, 1980）。

　　第二种解释与第一种有两处重要的不同。第二种解释对维护世袭的上
层阶级不感兴趣，而更看重精英体制，让有能力的人都可以进入由创造性
人才组成的群体中。在第一种观点中，世袭的上层阶级在闲暇时间从事文
化活动，并不意味着这一阶层应该在这些领域取得卓越成就，原因之一是
这个阶层的许多人缺乏这方面的能力。

　　人们对这两种解释的接受程度如何呢？

　　第一种解释假定要永久保留有闲阶层。这种假设有什么依据呢？如果
认为有必要保留这样一个阶层来追求智力和审美的卓越，那么这显然是基
于我们稍后将要讨论的第二种解释的。并且，这一解释还要阐明为什么必
须有一个永久的有闲阶层而不是精英阶层。我不知道有什么理由可以支持
这一点。这一观点也没有证明为什么这一阶层的孩子应该接受以追求知识
本身为目的的教育。如果没有好的理由来支持这一目的普遍存在的合理性，
那么当将它限定在某一阶层时，也同样不会有好的理由。当前的公学教育
让孩子们相信这一目的是至高无上的，许多孩子或许会因此被严重误导。

　　第二种解释认为，对一部分学生来说，教育应该以提升内在智力和

19

审美的卓越表现为导向。但为什么要这样呢？除了要论证为了知识本身而追求知识这一熟悉的问题，还有一个问题是：为什么要卓越？让孩子们做到极致，尽可能产出更高质量的作品，对于某些人来说似乎是不言而喻的理想状态，但事实并非如此。假设一个孩子显示出一定的数学天分，并在教师的驱使或鼓励下，在 14 岁就达到大学水平——这一定是件好事吗？这对他一定有利吗？国家芭蕾舞学校经常挑选有天赋的幼儿，不仅为他们提供普通教育，还教他们进行高难度表演。以前的学生有时抱怨说，在他们还不能决定自己想要过什么样的生活之前，就过早地被带入了特定的轨道。在另外一些学校学习更具理论性的强化课程的学生也有类似的抱怨。当然，这些学生也许受到了误导，才会认为他们没有从这些优质的学校教育中受益。下一章讨论学生的利益时，我们将深入地讨论这点。与此同时，捍卫"卓越论"的人有责任证明他所推崇的教育的确符合学生的利益。从表面上看，似乎并非总是如此。

但"卓越论"的捍卫者也可以从别的方面来论证精英教育的合理性。T. P. 能坚信要为有创造力的英才提供精英教育，因为在他看来，这与进化过程一致（Nunn, 1920）。这一观点建立在进化目的论的基础上，认为人们必须了解自然的目的，并以此来组织教育系统，从而顺应自然而不是对抗自然。如今，并非每个人都愿意接受这样的目的论。

T. P. 能认为，学生个体的利益与人类整体的利益是一致的，因此，根据他的理论，以内在智力为目的的教育不会以牺牲学生为代价来达到其他目的，这样的风险是不存在的。但在其他论证中存在这样的风险。人们可能会将重点放在教育机构所代表的学科上。这里的关键是，由于科学等学科正处于蓬勃发展的状态，有前途的学生会被送入优质学校，被培养成为学科献身的仆人。按这种解释，教育与学生的利益相冲突，其原因前面已经解释过了。很难理解为什么学科（和艺术学院）的利益至高无上乃至高于个人的福祉。（有人也许会说，从英国大学对中学课程和考试的影响可以看出，学科利益确实以同样的方式影响着学校的目的。）

　　精英教育假设只有少数人有能力接受这种教育，对于这一假设我尚未评论。这种说法正确吗？如果将教育成功的标准定得很高，将其限定于最有创造力的科学家、艺术家和学者们，那么我们就有理由认为这类人的数量是有限的。但是，也正因如此，进入精英学校的人中也只有少数人能进入这一队伍。如果是这样的话，那么设立这样的筛选机制而又很容易预见到大部分人的失败，一定有一些不合理之处。但是，将受过教育的标准定得越低——那我们指的便不是莫扎特（W. A. Mozart）或马蒂斯（H. Martisse）这类一流的人物，而是优秀可靠的学者，比如能胜任大学教职的人——只有极少人能达到这一标准的现象就越不明显。心理学中一种正统的观点认为，由于遗传或其他因素，大多数人的智力上限很低，以至于他们永远无法胜任这样的工作。这样的观点正好是我们正在讨论的精英制度所需要的理性基础。然而，据我所知，没有证据支持这一观点，我们甚至不能假定人们的智力有上限。事实上，很难找到什么一般性的证据（或反驳的证据）来证明或反驳这一观点（White，1974）。

　　以上就是论证精英教育目的的困难所在。有一种方法可以挽救它，但我们未在本章提及。《泰晤士报》最近（1980 年 7 月 14 日）发表的一篇文章报道了伊顿公学即将离任的校长麦克鲁姆（M. McCrum）的观点：

> 　　在某种程度上，现今的独立学校越来越强调学术上的卓越，这是对家长期望的直接回应，家长希望有更好的考试成绩、更高的师生比等等。与 19 世纪追求敬虔和好学问相比，这是一个相当大的转变。如果家长想让自己的孩子进牛津或剑桥，那么公学就得尽力实现他们的愿望。

　　学生、教师和家长在坚持教育的内在目的的同时，可以有并且经常有职业方面的外在目的。然而，在此我将忽略这种复杂性，因为解释这个问题会将我们带离纯粹的内在目的，超出了这一章的讨论范围。（要了解精英教育的职业目的，请看第 5 章。）[1]

结　论

上一章我提到过唐尼等人对教育内在目的的合理性和外在目的的合理性所做的区分。内在目的论试图说明为什么知识本身很重要，外在目的论则试图说明为什么其他原因（如学生或社会的利益等）很重要。

本章的讨论没有揭示出任何理由来证明为什么知识本身应该成为教育的核心目的，不过，即便不作为核心目的，本章也没有完全将这类目的拒之门外。为什么对学生的教育应该在某种程度上让学生投身于目的本身呢？对麦金太尔的论述的探究让我们找到了一个理由，我们稍后来看看"投身"意味着什么。与此同时，至少有一点是清楚的，那就是我们尚没有理由将认识或理解事物的过程排除在外。也就是说，像"内在"目的这样的东西可能仍然存在，至少它是众多目的中的一种。但若果真如此，唐尼等人对内在合理性和外在合理性的区分就行不通了。如果学生了解事物本身的理由指向的是他们自身的利益或他人的利益，我们就必须放弃这种区分。

如果按这种方法，用个人或社会利益这类外在理由来论证"内在"目的，内在论便算不上是独立的、自圆其说的体系。一定有许多如蛛网般缠绕的争论围绕着它：我们也许能，也许不能省却亚里士多德派或黑格尔派的争论，但一定存在某种争论。这一点值得指出的原因在于，它再一次牵涉到"谁来决定目的？"以及"教育目的应该是什么？"这两个问题。如果认为"内在"论是独立或能自圆其说的，我们就有充分的理由抵制教育系统以外的声音，我们不需要他们告诉我们教育的目的应该是什么：我们无须借助学术追求之外的东西，而学者们最了解学术追求。但如果充分的论证必须牵涉到学生利益或社会利益这些因素，教师或广义的教育者对这类问题的看法就很难说有什么特别的权威性了。考虑社会利益似乎就意味着引入了政治考虑，"教育目的应该是什么？"似乎就成了政治问题，在民主社会应该由整个政治社群来决定。是否必须考虑社会利益这一问题将在后面的章节里进行讨论。不过，即使只需要用学生利益来支持"内在"目的论，在学生利益是什么这一问题上，教育者是否比社会上其他人更有发言权呢？这一点并不清楚。有的教育者会宣称他们更有发言权。如果确实如此，"谁来决定教育目的？"这一问题的答案将会倾向于是教育者，但这一问题目前还悬而未决。一个常见的观点是"教师和父母知道什么对孩子最好"，在下一章，除了其他内容之外，我将讨论这一观点存在的基础。

第 3 章　学生的利益

前　言

23 　　教育应该增进受教育者的福祉（well-being），这一观点也许比教育应该以追求知识本身为目的的观点更普遍存在。确实，如上一章所述，一些持"内在"目的论的人很可能用学生的利益来论证"内在"目的论。但是即使不相信知识的内在价值，人们也可以相信教育应该主要以学生为中心。许多家长、教师和教育理论家都持这种观点。的确，他们中只有极少数人会将重点全部放在学生的利益上，毕竟也需要考虑其他人的利益，道德教育是重要的，教育对经济普遍繁荣的贡献也是重要的。对于各种不同的，有时甚至是互相冲突的方面，不同的人赋予的权重是不同的。但总的来说，至少在当代英国教育界，值得注意的一点是，与教育直接相关的人的意见趋于一致，认为教育应该着重考虑学生的利益。

　　例如，家长是典型的这样看待教育的人。然而，他们对子女的利益的看法并不总是一样的。有些家长倾向于狭隘地认为子女的利益指得到一份"好工作"，因为这会给子女带来更高的社会地位，或给子女带来更多的机会使其过上更幸福更舒适的生活，或二者兼而有之。有的家长可能对工作前程没那么在乎，而更在意孩子能否充实地生活或能否充分发挥自己的才能。当然，有多种动机的情况也非常普遍。例如，在中学后期，学生要选择专修课程，当家长帮助孩子做决定时，他们会考虑并且确实考虑了以上种种因素。

教师也同样认为他们的工作大都以学生为中心。中学教学，尤其是中学后几年的教学，越来越被普通教育证书（GCE）和中等教育证书（CSE）考试所主宰。虽然许多教师反感这些工作上的外部压力，但他们还是竭尽所能帮助学生通过更多的考试并且取得尽可能好的成绩，因为他们知道这对学生未来的工作和生活非常重要。在这一点上，他们与家长完全一致，但这并不是说他们与家长对各个目标的重要性看法一致——考试成功可以帮助学生达成获得社会地位、舒适地生活和自我实现的目标，但究竟哪个目标更重要，教师与家长的看法并不一致。

最近一项对小学教师的教育目的观的调查表明，小学教师也将以学生为中心的考量置于首位（Ashton et al., 1975），排在前三的目的是：

1. 孩子们应该幸福、快乐、均衡发展。
2. 孩子们应该喜欢学校生活，并从自己的成就中获得满足感。
3. 应该鼓励个体按自己的方式自由发展。

所有这些目的都与学生的利益相关。尤其值得注意的是，排在前三的目的与排在第四至第六的目的有明确的分界。

4. 应该教授道德价值观，使其成为孩子们行为的基础。
5. 应该教育孩子们尊重财产。
6. 应该教育孩子们讲礼貌、举止得体。

后三个是以他人而不是以学生为中心的目的。再说一遍，从调查的总体结果来看，学生的利益居于首位。还要再说一下的是，教师对于学生利益的理解可能也会有所不同。教师所说的希望孩子们"幸福"是什么意思呢？是指现在作为学生感到幸福，还是长大成人后幸福？"幸福"究竟又是什么呢？"均衡发展"或"按自己的方式自由发展"又意味着什么呢？

小学教师对学生利益的理解与家长和中学教师的理解又在多大程度上相一致或相背离呢？显然，我们得先认真考虑这些问题，才能就以学生为中心的目的在教育中的地位这一问题得出满意的结论。

问题不只是这些，教育理论家们和家长、教师们一样，近年来也倾向于强调学生的利益，他们的观点引出了更多的问题和辨析。在此不宜讨论所有纷繁复杂之处，但有三种基本观点值得简要描述。这三种观点都对师资培训有影响，常常成为上两段中提到的一些教师观点形成的基础。

第一种观点认为教育是一个"成长"或"发展"的过程，最终目的在于培养学生的个性、促进学生自我实现或充分发挥潜能等。这是对教育的生物学模式表述，将人的学习比作种子的生长，只要给予适当的营养，种子就会成长为盛开的鲜花。这一理论在过去 50 年的幼师和小学教师培训中特别突出，并为一些极端形式的"进步主义"或"儿童中心主义"教育提供了理论基础。在这种教育理念的指导下，教师尽量避免强行干预儿童的学习，以免破坏他们的自然发展过程，即生物学的发展过程。

第二种观点来自对第一种观点的批评。第一种观点将人的学习类比为植物或动物的发展，批评者们给这种说法泼了冷水，主张鲜花之所以盛开，某种程度上是由种子决定的，而人生的目标并没有像那样写在人的基因中。我们不能通过观察本性，即我们自己的人性，来发现我们的福祉之所在。此外，学习也并非一个自然发展的过程，它本质上是一种社会活动而非自然活动。要学习一个概念，必须学习这一概念在现实世界中的应用规则以及它与其他概念的联系。规则不是由个体决定的，而是通过人与人之间的协商达成一致的。由此看来，既然概念学习有赖于社会共识，而概念学习在个人教育中又扮演着重要角色，那么教育就应该被当作一种社会活动。然而，这并不是说教育一定要有社会性目的，比如教育一定要更重视社会的利益而不是学生的利益。教育的社会性只意味着教育过程不能顺其自然，教师不能置身事外，任由学生"生长"，而应该将自己看作社会和孩子之间的中介，有意识地干预儿童的学习，从而引导他遵循会塑造他整个精神生活的公认规则。总的来说，就目的而言，大多数接受第二种观点，即干预主义观点的教育思想家都倾向于坚持以学生为中心的对策。各种形式的个体自主观点特别流行，他们主张教育的中心目的应该是培养独立思考的儿童，他们借助理性而不是权威来证实自己的信念，也正是由于他们能够独立思考，他们能根据自己的标准制订人生规划，而不会被周围人的意见所左右（Dearden，1968；White，1973）。

第三种观点部分地依赖于第二种观点，它回到与第一种观点相差不远的立场。若如第二种观点所说，学习概念就是学习由社会共同制定的规则，那么个体在成长过程中习得的概念便取决于其所在的社会碰巧认同的东西。这些共同认可的东西可能会因为社会或小群体不同而不同，一个西欧人关于"知识"的概念可能与一个西非人不同，同理，中产阶级与工人阶级的概念也会不同。因此，不论教给儿童什么概念图式，都不可避免地要将一些标准强加于他们，而根据上文的分析，这些标准都是武断的。如我们所知，教育无法成为第二种理论中所设想的"思想解放"，充其量只能潜移默化地灌输特定的社会价值。这一理论对班级教师产生的最大影响是使得他们中一部分人小心谨慎，以免将所谓的"中产阶级价值观"强加给工人阶级的孩子。在某些情况下，这引起了对学术工作领域的抵制，其理由是这些领域反映的是中产阶级世界观，而专注于这些领域会间接维护中产阶级的支配地位和支持它的资本主义体制。出于对灌输中产阶级思想的担心，有人呼吁尽快实行专门针对工人阶级的教育，使之在文化上独立于中产阶级的标准。然而即使如此，这一做法还是会被指责存在灌输的问题，即给工人阶级的孩子灌输工人阶级的理念和态度。因此，许多第三种观点的支持者主张教育的首要任务是将学生从一切武断的标准中解放出来。如果真这样的话，他们就会回到类似于上面所描述的第一种非干预主义的观点，因为如果所有标准都是社会性的，所有标准都是武断的，那么避免武断性的唯一方法就是摆脱社会影响，回到自然。个体似乎必须从各种社会压力下解放出来，才能确立自己的价值。这样一来，我们又回到了极端的"进步主义"或"以儿童为中心"的观点。无论在事实上还是在理论上，我们都发现受第三种观点和受第一种观点影响的马克思主义教师和相对主义教师之间有着极为相似之处。一般人对理念过于激进的教师的刻板印象是糊涂的"进步主义"者，对孩子放任自流，这种看法百分之九十九是被误导了，但偏激地来看，它恰恰触及了事实。

以上概述的三种教育观点分别来源于教育心理学、教育哲学和教育社会学。在本章后面我将更深入地讨论其中的某些观点。这里介绍它们主要是为了说明以学生为中心的教育目的在家长和教师的教育理念中占主导地位，而这在许多当代教育理论中都有所体现。毫不夸张地说，到目前为止，教育者和教育家都一致认为，教育应该主要（如果不是全部的话）提升学生的福祉。

现在，我们必须面对两个问题。首先，"学生的福祉"是什么？我们已经看到这个词曾以各种方式与地位、一份"好工作"、幸福、个性、自我实现和个人自主等联系在一起，对所有这些联系都必须进行审慎的考察。其次，如果以学生为中心的目的并非教育的唯一目的，那么以学生为中心的目的与其他目的是什么关系？这两个问题都不好回答，我们将在这一章和下一章进行讨论。本章余下的部分将分析对第一个问题的一些回答。

首先，我们应如何理解"教育应该提升学生的福祉"这一说法？这里说的"福祉"包括哪些内容？

基 本 利 益

有一点似乎毫无争议：任何人，因而包括任何学生，要生存下去都需要一些基本利益。他需要基本的食物和水、住房、衣服、医疗等等。在我们这样的文明国家，标准要比维持生存所需要的最低标准高一些。我们所关心的不仅仅是能生存下来，而且是能以某种方式生存，我们希望人们享受营养丰富的食物，住好房子，有健康的身体，等等。除了基本的物质利益，还有基本的精神利益，如在一定程度上无须担心没有足够的收入来满足物质需求，摆脱苦役，免于暴政，等等。再如，一定程度的自尊也被认为是一种基本利益：一个人没有自尊，就如同没有食物和住房一样，无法追求各种有价值的目的（Rawls，1971）。

至于每种基本利益合理的最小量是多少，人们会有不同的观点；基本利益包括哪些东西也可能存在争议。但是食物、衣服、健康等是人人需要的，这一点我认为毫无争议。当我们从基本利益转向广义上的个人福祉时，问题就出现了。一般来说，基本利益本身并没有被当成利益，而是作为广义福祉所要考虑的必要条件。我补了颗坏牙并不是因为补牙本身有内在价值，而是因为不补牙我就无法继续做对我来说重要的事。当然，对我重要的事物本身也可能是达到更高目的（如维持生计）的手段。但如果我是理性的，这个手段至目的的链条就不会无休止地继续下去：一定会到达某一点，目的（或许是一个主导性的目的）不再是达到更进一步目的之手段，而是目的本身。因此，个人福祉不能局限于拥有基本利益，而必须包括目的本身。会不会有的目的比其他目的更有价值，目前还是一个尚无定论的问题，但这并不一定意味着任何目的本身都可以。我们现在只能说，个人福祉必须包括有益的目的本身，我们可以将其称为"内在利益"（intrinsic goods），以区别于上面提到的基本利益。

以上的论述与教育应该提升学生福祉的主张有什么关系呢？我在前面提到过，我们很难界定内在利益是什么，对这一问题有各种争议，一会儿我会回头讨论。但是，假如对基本利益没有那么多争议，那么以提升学生福祉为目的的教育应该如何考虑这些基本利益呢？

首先，应该让孩子们明白基本利益是什么，以及它们为什么重要。有时答案显而易见，有时则不然。孩子很早就知道他需要食物来生存，但是什么食物好、什么食物不好，他并不清楚，通常需要接受明确的指导。更广义来说，健康教育也属于基本利益。此外，某种意义上的职业教育也是

29

如此，因为获得最低收入也是一种基本利益，而对多数人来说，收入直接或间接地来自工作。我强调"某种意义上的"职业教育，是因为这个词可以涵盖很多东西，我不希望被误解。这里我并不是说孩子们应该接受某种工作或某类工作的职业训练，而只是说他们应该认识到掌握谋生技能的重要性，我们要鼓励他们去思考如何掌握这些本领。跟过去相比，通过工作获得最低收入在将来也许会变得不那么重要。未来学家曾写道，微芯片革命将导致闲暇社会的诞生，如果我们相信这一点的话，那么只有少数人会有工作，而其余的人都将失业。这样的社会可以（当然，尽管不必）从经济上鼓励人们不工作，从而减少对越来越少的就业机会的竞争。在这种情况下，也许有人会认为，学生不必关心获得一份收入的必要性，他们即便什么都不做，钱也会掉进他们的腰包。但即使如此，如何获得收入也是有不同选择的：首先，选择工作还是不工作？其次，如果工作的话，选择什么样的工作？因此，即使是在微芯片技术发达的乌托邦社会，某种广义上的职业教育也是有必要的。

何种教育能够帮助学生理解基本利益的本质及获得基本利益的方法，在此我们不展开全面的讨论。在更为详细的教育目标规划中，需要对这一问题做更多讨论。这里还有一点值得提一下。前面提到过，在文明社会中，人们对可接受的最低收入水平、医疗，也许还包括什么是基本利益等问题还有争议。（比如，食物是基本利益，但需要包括动物蛋白吗？）由于对这些问题有争议，让学生们认识到这一事实似乎是合理的。比如"最低收入应该定在什么水平？"这一问题，让学生们在某个阶段反思一下是有益的。还有一种选择是，让学生们忽视基本利益，认为这与自己的教育无关，而这种做法已经被我们上面的讨论否定了。或者是将某种关于基本利益的最低水平应该是什么的看法强加给学生，而根据前面所说，这一问题尚无定论。由于这么做是武断而不合理的，最开始提议的让学生反思似乎是最合理的。

内 在 利 益

我不止一次说过，基本利益这一概念不如内在利益的概念那么有争议。但我们也看到，一旦提到文明社会所必需的最低利益，对基本利益概念的争议也无法避免。因为什么是文明社会尚无定论，所以对基本利益的最低要求也就看法不一。浴室（或电视机、洗衣机、汽车）是文明生存的必要条件吗？对这一问题的回答取决于对广义上个人福祉的看法。

进步主义的观点

在对这个问题的种种回答中，让我们先看看上面概述的极端进步主义或儿童中心主义教育理论从生物学角度所描绘的人类福祉。在此描述中，我们的最终目的是由自然预先决定的：我们的福祉是世界的一个特点，顺其自然发展便可以找到它。人的福祉是注定的，这一假设与大多数神学（如果不是全部的话）对教育的假设如出一辙。神学认为人的福祉由上帝决定，进步主义认为人的福祉由自然决定。在 T. P. 能的个性理论等经典论述中，进步主义是古老的、以宗教为基础的教育方法的翻版：以发展心理学而不是以神学形式出现的科学是通向真理的新途径，它所宣称要揭示的利益更关乎人的动物性，而不是其永恒精神，但两者都是发现利益，而不是创造利益。

这些观点并非只具有历史意义。教育的生物学描述在许多方面仍然有影响力，神学观点也是如此。进步主义教师、天主教和英国国教学校的教师，以及更具神学中心倾向的公学教师们通常都有一个共同的基本假设：要了解我们的福祉包括什么，就需要了解我们的发展是如何被预先决定的。但这种假设是合理的吗？同样，如果没有好的理由，任何建立在这一假设之上的教育建议都会面临武断性的指控，而提出这些建议的教师也会被指责为将自己的偏见强加于学生。在我看来，这种情况在刚才提到的极端进步主义教师和持宗教观念的教师这两类教师中其实很普遍：他们往往带着一种基本的、毋庸置疑的关于人类福祉的假设去工作。

要论证这些观点显然会面临许多不可逾越的障碍。神学观点以上帝的存在为前提，进步主义则假设存在一种有目的的自然秩序。对这两者我们都不能想当然地接受。但假如我们退一步，承认它们的合理性，在神学方面，我们接受"上帝为人所设的利益是如此如此"这一假设（事实上这已经超出了我们事先允许让步的范围），那么如何从这一假设推出如此如此符合人的利益呢？毕竟在"上帝相信 X 对人有益"与"X 对人有益"之间，存在逻辑上的跳跃。前者是一个心理学事实的陈述，而后者是一种价值判断，由前者直接推及后者，这种推论从表面上看是不成立的。进步主义也面临同样的问题，它的前提类似于"自由的自然发展把个人引向 X"，其中，X 是蕴含于自然秩序中的目的。但是，由此怎么能推出"X 是好的"呢？在这里，我们不从心理学陈述而从经验事实出发，最后得出一个评价性的结论。同样，从表面上看，这也是一个无效推论。这并不是说所有从事实性命题到评价性结论的过程都必然不合理，虽然它们有可能真是如此。这里只是说，就这两个特定的前提本身而言，不能推出我们想要的结论。

如此看来，这种进步主义似乎是不可能实现的。（我要明确指出，在这里我只关注这种进步主义。许多认同"进步主义"或"以儿童为中心"的观点的教师只将其局限于教育过程，而不应用于教育目的。很多教师确实一方面认为尽可能让儿童在自身兴趣引导下学习时学习效果最好，一方面并不相信自然预先决定了儿童要达到的目的，这两者并不矛盾。）

还有两种以学生为中心的普遍观念，它们与进步主义有关，但有时又以独立于进步主义的理由为自己辩护：（1）培养个性就是发展个人的独特品质，即个体与众不同的品质；（2）教育应该充分开发个体的潜能。

（1）家长和教师通常赞同第一种观点，但它并不是不言而喻的真理。为什么教育应该发展个性而不是培养共性呢？确实，没有人坚持认为只有个性才重要，比如每个人都同意所有学生都应该成长为诚实的人。至于人们强调个体差异的重要性，又是出于什么理由呢？要提供依据并不容易。部分问题来自这一主张的生物学发展概念。假如每个个体都有不同的天赋，有的有音乐天赋，有的有建筑天赋，等等，从生物学发展的角度来看，差异性是有意义的。和上面讨论过的类似，这里的问题在于如何理解"天赋"，我们可以从非常狭义的角度说一个男孩具有弹钢琴的能力，这指的是与先天失聪或没有手指的孩子不同，他具有学习弹钢琴的能力，而这绝不是说他一生下来就知道怎么弹。如果说他一生下来就会弹钢琴，那就意味着与弹钢琴相关的标准和价值观可以在出生时就植根于我们，而这意味着一个可能不那么符合逻辑的命题，即人类的价值原本就是世界的一部分。然而，即使抛开这一困难，承认个体确实具有不同的天赋，还是需要证明为什么要培养这些天赋。也就是说，需要证明为什么教育者应该顺着天性而不是逆着天性。假如我们出生时的任何秉性都应该得到培养，那么，如果我们出生时便具有某种程度的攻击性，我们的父母和教师就应该鼓励我们更具攻击性。仅仅因为攻击性存在，就认为应该发展这种攻击性，这种想法是不合理的。我们不能从一个经验事实直接推出应该怎么做，这个道理不仅适用于攻击性，同样也适用于音乐天赋、建筑天赋等，这些东西存在并不意味着它们应该得到发展。

如果我们把个体看作人类的一员，并如 T. P. 能那样，认为物种进化依赖于独特的、非典型个体的出现，那么个性差异学说的理由似乎更充分一些：我们越鼓励个体分化，就越能在进一步的进化发展中做好大自然的帮手。也许今天很少有人想从这方面去论证个性差异学说。作为一种教育目的，个性差异理论的接受度日益增长，已经超过了半个多世纪前使它变得突出的最初的理由，对于教育理论来说这是常事。然而，这

32

33

并不是说当初的理由就足够充分。它预设自然进化是进步的一种形式，会指向理想的结果。这就相当于无端地把目的论因素写入自然。为什么我们要认为自然是有目的的呢？也许自然的过程是盲目而机械的。当然，如果我们像很早以前那样将自然等同于上帝，将进化看作神明计划的一部分，那么我们似乎能沿着这条道路走得再远一点点，前提是假设上帝存在。但即使我们假设上帝存在，考虑到培养个性差异可能带来的影响，我们还是需要知道遵循神明的计划对于我们来说是否是件好事。而这并不是不证自明的。

　　这一哲学上的争论可以在神学方向上继续下去，但让我们就此打住，回过头来问一下：是否还有别的理由支持扩大个体差异？有一种观点认为，个人活动和兴趣丰富多样的社会比单调的社会更好，这一观点现在已经独立于任何生物学上的意义了。这一观点很有吸引力。我猜想，我们中大多数人都愿意生活在前一种社会中。这是否足以说明丰富多样的社会更理想呢？这取决于理想性是否随偏好而定。关于多姿多彩的社会还有其他一些观点，我将在第 6 章回到这一问题。

　　为了进一步讨论，让我们假设多姿多彩的社会是好的，那是否就可以由此推断出教育者应该努力顺着学生天资和能力的差异去培养呢？未必如此。还存在另外一种选择。至少在原则上，教育者应该尽力给予所有学生同样广泛的教育，以便让他们了解所有的行为活动和生活方式并做出自己的选择。当然，他们不可能都做出同样的选择，因此，社会最终依然会是多样化的。是否有理由证明发展个性差异的方式要优于这一方式呢？我看不出来，但我确知一个反对的理由。如果整体说来，教育是指让一个具有音乐、数学或其他才能的孩子在相应方面得到专门培养，那么问题来了，教育者是否有权利以这种特定的方式塑造孩子呢？我们可以设想，孩子在充分了解他所拥有的种种选择之前，并不能很确切地知道要选择什么样的生活。然而，在他有能力做选择之前，已经被引导进了某一特定的方向。这样做的理由是什么呢？就这点而言，这可以归结为家长或其他教育者的偏好，那么为什么家长或教师的意愿能决定孩子应该做的事呢？如果一位家长因为她的女儿有些当医生的天资就想让她的女儿成为医生，为什么家长的意愿应该凌驾于一切之上呢？为什么家长的意愿比女儿长大后的意愿更重要呢？仅仅因为觉得对孩子有益便将孩子引向某一特定发展方向，这样的家长简直是专制，这离灌输式教育也不远了。

如果由自己决定自己的生活好过由别人来决定，那么我们必须让学生自己决定发展哪些能力来构成其人生规划的主要部分。稍后我们会将自我决定（self-determination）作为一种教育目的加以考察。这并不是否定父母为有音乐才能的孩子（更别说没有才能了）提供钢琴课的权利，或者鼓励孩子画画、踢足球、表演等等。家长有各种理由这样做，并不涉及扩大个性差异这一教育目的，比如，他们也许只是想让孩子们开心。

个性差异学说常常与我们上面探讨过的社会地位这一目的联系在一起。父母有时希望孩子能发展出某些特长，以便在"人生赛跑"的竞争中占有优势。在争夺优势地位的社会斗争中，"适者生存"常常被看作最高度专业化的生存。这样看来，父母在这方面给孩子的帮助越早开始越好。前面说过，引导孩子朝着家长碰巧偏好的特定方向发展，这种做法是专制的，在此也无须再多说什么。

在讨论第二个问题前，我还要说一点。在我看来，我们所讨论的个性差异理论的一大亮点在于，我们应该在教育中强调学生作为个体的独特性。我将在后面进一步论述这个观点。然而，这并不是说人们必须扩大个体间的差异。关键在于我们怎样看待个体差异。有两种看待这个问题的方式，哲学家区分了"量"的相同和"质"的相同。两把椅子具有相同的特性，可能在质上是相同的：它们都用同样的木头做成，样式、颜色等都一样。然而，它们不是同一把椅子，而是两把椅子。也就是说，尽管它们在质上是相同的，但在量上是不同的。那么，是什么使得人与人各不相同呢？是因为他们的体格、能力、性情等特质不同吗？假设一对双胞胎具有完全相同的兴趣、能力、品位、思想等，从质上看他们确实完全一致，但从量上看则不然。那么，是什么使他们不同呢？他们的个体独特性体现在哪？毫无疑问，答案是他们是两个不同的意识中心，即使他们头脑中的想法总是一样的（尽管这极不可能），但双胞胎 A 必须用自己的大脑思考，双胞胎 B 也是如此。所以，我们在极力强调个体独特性时，无须强调个体在能力等方面的差异。我们应该敦促每个人将自己视为一个独特的意识中心，至于为什么要把这当作一个教育目的，可能有多个理由。其中一个理由与自我决定相关：我们如果认识不到自己的独特性，就无法自主做出人生规划。后面我们还会讲到这一点。

（2）第二个目的显然是与进步主义相关的目的。学生应该充分发展自己的潜能。这一目的常常被当作一种不证自明的、有价值的目的而被反复提出，但我不知道那些反复说的人是否经常反思它的含义。这一目的通常与第一个目的相一致，因此容易受到与第一个目的同样的反对。但在"充分"这一点上，它比第一个目的更进一步。从字面上看，它意味着仅仅培养孩子的数学能力是不够的，必须将其培养到极致。如果在数学方面他有能力达到博士或者更高水平，我们就必须让他做到。但为什么要这样呢？为什么我们要他极其擅长数学，而不是仅仅足够好就行呢？如果认真思考一下，这一观点似乎很武断。如果我们像许多人那样再往前推进一步，希望孩子的所有潜能都得以充分发展，那么我们必须让孩子不仅成为数学博士，而且，如果他有能力的话，还要成为历史、英语、法语、俄语、捷克语、波兰语、罗马尼亚语等领域的博士，更不用说开发他的记忆力，让他熟记《圣经》甚至倒背如流。这样做有什么好处呢？

对充分开发学生潜能这一观念有两种理解。一是字面的理解，如我目前为止所做的那样。这种理解假定智商"天花板"存在一个"最大限度"。这一观念常常与某种关于智商的看法联系在一起：智商水平因人而异，呈正态分布，主要由遗传决定。潜能开发与智商观点的结合意味着不同儿童有不同的终极目标，因为有的儿童智商较低，有的儿童智商超群，而大多数人介于两者之间。

这一观点的基本假设是智商存在天花板。这一点难以证实。说某人的智商天花板是如此如此，就是说他在智力上无法超越那一水平，但我们何以知道这点呢？有一种证明方法是，如果一个人尝试很多次都无法突破某一水平，就说明那一水平是天花板。但问题是失败多少次才算数呢？如果试了 X 次都没成功，说不定试 $X+1$ 次就能成功。天花板学说没有经过彻底的、原则上应该无限次的检验。它一直被想当然地认为是真理，但我们每个人（无论在遗传或其他方面如何）都有智力天花板的断言是最难以证实，当然也难以证伪的。它属于意识信念的范畴，诸如此类的信念还有"上帝存在""我们所有的行为都有潜意识动机""所有历史事件都是预先注定的"，这些信念都同样无法验证，并且和天花板学说一样，所有这些信念都是错节盘根的理论网络中不容置疑的第一原则（White，1974）。

即使智商天花板真的存在，仍然有一个问题，即我们怎样从这一心理事实推出一个规范性的结论：儿童受教育的目的应该是达到这个天花板。我不知道应该如何填充这个论证中的空白。人们常常不假思索地接受这一结论，而不费劲去想像这样细微的逻辑问题。

对充分开发学生潜能这一观念的第二种理解没有假定天花板存在，而是认为应该尽可能发挥学生的能力。要在一个假定的情境中理解"尽可能"，譬如"尽可能在接下来的五年中"。

我已经考虑过这种情况会产生的问题：这样的强化机制可能会损害学生的福祉，并且，没有任何理由不让学生在多个领域具备一些有用的能力，而非要在某一领域做到极致。当然，如果这种观点能够与精英理论联系在一起又另当别论：学生应该在学校得到强化训练，这样他们将来就有希望成为一流的、具有批判精神和创造性的思考者。精英理论已经在第 2 章做过探讨。

我们对这部分的基本论点进行了两种解释，这一基本论点也可能与其他两种教育观点纠缠在一起，那两种观点很常见，因而可能可以增加一些说服力。第一种观点认为应该鼓励孩子认真学习，交出经过深思熟虑的

37　文章，不满足于敷衍了事的汇报，等等。这种观点很常见，因为受教育就意味着达到一路走来的所有标准。但是，这里所说的鼓励孩子尽力而为与促使他达到自己能力的极限是两码事。第二种观点认为孩子们应该在学习中取得进步。有些人听说孩子（也许是他们自己的孩子）在小学或中学里学生能力参差不齐的混合班级上课，由于不得不迁就差生而没什么进步时，便高声疾呼有必要让孩子的能力得到最大限度的发挥。在我看来，每个孩子都应该能够取得进步是合理的，但把能力发挥到极限则另当别论。（大学教育中的情况后面再讨论。）

对学生幸福的多种理解

我们不能简单地依赖自然带领我们走向利益。进步主义依赖自然的主张是对以往依赖上帝的观点的直接反驳，但这两者有一点相同，即都相信人的终极福祉完全是由他们自身以外的某种东西预先决定的。

今天，许多人有截然不同的看法，认为我们的福祉是我们自己创造的。这是以人为中心，而不是以神或自然为中心的观点。这种观点有可能主宰教育思想，就像它已经主宰了哲学思想一样。

这种观点具有不同的形式，其中一种将福祉等同于幸福。前面我们说过，对小学教师的调查发现，最受欢迎的教学目标是孩子们应该"幸福、快乐、均衡发展"。这三个词所包含的意义可能大不相同，我们也不知道教师认为幸福有多重要，比如与均衡发展相比而言。但如果他们确实认为幸福非常重要，他们究竟是什么意思呢？

这里存在两类问题。一是他们赋予这个词什么含义，二是他们所考虑的是孩子的现在还是孩子的将来。首先，我们就第二个问题说几句。不管他们考虑的是孩子的现在还是孩子的将来，都有问题：如果目的仅仅是让孩子现在快乐，那为什么要把他们今后的生活排除在外呢？假如强调现在的快乐让他们今后更可能不快乐，那为什么要为了现在牺牲将来呢？另一种选择也存在类似的武断性：如果成年时的快乐才是最重要的，甚至可能要以现在的不快乐为代价，那为什么人生的后期阶段应该比前期阶段更重要呢？避免这一武断性的唯一方法是将人生的每个阶段看得同等重要。如果幸福是教育的目的，或者是教育的一个目的，那么这种幸福应该是人整个一生的幸福。

但是，什么是幸福呢？有时候幸福的生活被等同于充满愉悦感觉的生活。赫胥黎（A. L. Huxley）在《美丽新世界》（*Brave New World*）[①] 中描述了这样一个社会：通过无止境地沉溺于由毒品或机器带来的感官满足之中，每个人都可以在这个意义上获得最大的幸福。第二种解释更宽泛一些，它认为幸福的生活就是让欲望尽可能得到满足。人所欲求的东西可能包括也可能不包括愉悦的感觉。在第二种意义上，美丽新世界的居民当然是幸福的，但每次要经受痛苦才能将杠铃举过头顶的举重运动员，或者一个在传教站无私而艰苦地工作一辈子的医生，也同样是幸福的。

我尚未发现有哪位教育者认为学生的幸福指的是充满愉悦感觉的生活，也极少有哲学家把福祉与这种意义上的幸福等同起来。有什么理由在二者之间画上等号呢？

唯一勉强说得过去的理由也是令人迷惑的。有人认为我们做任何事的终极目的都是追求快乐，《美丽新世界》中的人物直接获得快感，但即使对于在传教站工作的医生来说也是一样的：除非他能找到快乐，否则他为什么要致力于拯救病人呢？这种想法暗示我们所有的行为都是利己的，即使在医生这种明显的极端利他主义的例子中，人的行为也被分析成以自身利益为重的行为。

这里说得含糊不清。医生给病人看病，有可能甚至很可能从中体验到

---

① 《美丽新世界》描述了 26 世纪之后人类社会发展的一种形态。在这个社会中，所有的人都是通过在胚胎阶段的人为干预生产出来的，分为五个级别，分级不仅仅是外在的身份标签，还包括生理以及智力方面的设定。——译者注

各种令人愉悦的满足感，其中还可能包括各种身体上的感觉。但是，他体验到这些并不代表他是为了这些而工作的。满足感是他行为的结果，但不一定就是他行为的目的。因此，这并不意味着所有利他主义的理由都可以化为利己主义的理由。

还有，医生难道不是为了利他而选择利他主义的生活方式吗？这难道不意味着他这样做也是为了快乐吗？这不正表明利益必须与能带来快乐的事物联系在一起吗？

并非如此。或者说当我们将幸福等同于愉悦的感觉时，不能这么说。如果为了快乐去做一件事，通常意味着做事是为了快乐本身，而不是为了金钱或声望这样的外在目标。在这里，幸福的定义与体验愉悦的感觉无关。

关于我们仅能为快乐而行动的理论还有许多可以说的，但转向对幸福的第二种理解对我们更有益一些。第二种理解将福祉等同于幸福，与享乐主义不同，这种观点目前在哲学界和教育界都非常有影响力。[1]

那么，一个人的福祉与欲望满足的程度究竟在多大程度上相关呢？如同前面所讲过的，我们没有理由将其仅限定在现在，或儿童时期，或成人时期，我们所说的是整个一生。有人认为，第二种对幸福的看法也有问题，就像第一种观点一样，它似乎认为，最高层次的人类福祉可以在美丽新世界中找到。如果一个人所有的欲望都得到了极大的满足，那么我们还能想象出什么更好的状态吗？

然而，如果有问题的话，美丽新世界有什么问题呢？许多人认为美丽新世界的居民没有决定自身生活的自主权，他们被训练去过一种愉悦感不断的生活，但这种生活不是他们自己选择的。

这便引出了教育学中关于个体福祉的第三个有影响力的观点。与第二种关于幸福的理论一样，第三种观点将福祉等同于欲望的满足，但不同的是，它加入了自主性。

反思后的欲望满足

当代哲学中一种流行的论点认为，个人利益在于欲望的满足，而这些欲望是充分了解了各种选择之后，经过反思选择出来的希望得到满足的欲望（Rawls，1971）。应用到教育领域，便产生了一种教育目的，即让学生有能力找到自己最想做的事情，比如，通过让他了解各种不同的目的，培养他反思并做出自主选择的能力和态度（White，1973）。

这种观点吸引人的地方在于，它似乎让个体成为自身利益的最终裁决者，而不是盲目顺从其他权威，不管他们是上帝还是人。以这一观点为基础的教育避免将价值判断强加于学生，不会将他人对利益的看法灌输给学生，而是让学生自由选择。

然而，这里仍然存在一些问题。

40

（1）假设反思性个体最强烈、最持久的欲望极为怪异，譬如想数清城市公园中草的叶片［罗尔斯（J. Rawls）的例子］。根据以上理论，围绕这种欲望的满足所建构的生活有助于他获得最大的福祉。有人一定想说，这一推论的荒谬性说明以上理论肯定存在某些问题。

那问题出在哪呢？并不是所有目的都同等重要，有的目的比其他目的更有价值。上面那个例子是不是没有处理好这一事实呢？也许，一位献身于事业的科学家或作曲家不会像在公园里数草叶的那个人那样被指责荒诞不经。那么，追求真理或艺术创作是否比数草叶更高一等呢？

如果是，则必须给出理由。这可能会将我们带回第 2 章中有关内在利益的讨论。这些讨论给出的理由都不充分，而且没有更好的理由来证明研究科学要比数草叶更有价值——我们似乎陷入了一种观点，即任何目的都可以。

关于这种理论的结论是，自主选择目的理论似乎导向了一个荒诞的结论，但一旦我们试图拿别的东西来取代这种荒诞，又可能将某些目的摆在更高的地位，从而有至善论的风险（在教育中，这又会回到强加观点与灌输这些熟悉的问题）。

（2）第二个问题在于对自主权的坚持。个体享有选择生活的自主权，这种选择取决于个人的反思而不是简单地采纳他人意见。但为什么自主权是个人福祉中至关重要的因素呢？在解决这个问题前，我们必须区分对个人应该自主选择自己的生活方式这一断言的两种不同理解。第一种理解允许个体自主地选择不自主，即经过仔细思考后，他决定过被奴役的生活。第二种理解要求个体选择的生活方式必须体现其自主性，即不能抛弃自主性。

第二种理解看起来很难成为通用的规范。如果一个人最满足的事是成为军人，为什么他不能自由选择参军呢？为什么即使承受极大的心理压力，他也应被迫保持自主呢？一种答案是，自主权本身对每个人都是有价值的。这一回答将使我们脱离关于福祉的非至善论或"民主"论，进入至善论。我们一直都持非至善论或"民主"论的观点，认为没有哪个目的先天优越，而至善论则认为有的目的更具价值。同样，除非我们有更多理由来证明自主权应该享有这种无上的地位，否则支持第二种解释的教育者可能会被指责为试图将某种特定的生活方式强加给学生，而这样做是不正当的。

如果他们退至第一种理解，是否就可以避免这种责难呢？看起来似乎可以，因为虽然学生首先不得不自主选择自己的生活方式，但是教师不再坚持让学生保持自主。然而，学生可能会说："你说你已经尽量避免将某种特定的思想强加给我，但你已经把我塑造成了一个自主的选择者。事情原本可以不这样的。我本可以被抚养成心满意足的奴隶，或是美丽新世界里像僵尸一样活着的人。事实上，我现在宁愿过这种自主的生活；但如果我的福祉在于最大限度地满足我的欲望，我或你怎么知道，如果我放弃自主，是不是能更接近这一目的呢？你让我变得自主，有什么正当理由吗？

难道你没有武断地强加给我一些东西吗？"面对这一番话，教师又该如何回答呢？

（3）自主理论还面临着其他问题。自主选择者如何决定追求何种目的？在这种目的熏陶下长大的学生如何选择自己的生活方式？无数大门在他面前打开，他怎么知道要走进哪扇门呢？他是不是要算一下选择不同道路的预期满意值，然后选择能带来最大满意度的那条路呢？若非如此，他又要用什么标准呢？他是否只是在"认真选择"某种具有这样那样组成要素的特定道路呢？这一理论没有给我们任何提示。许多人，尤其是教师，会说这种理论相当空洞，除非它能用于实践，而这种应用的可能性确实难以把握。或许他们说得没错。

（4）最后一个难题不在于应用，而是在另一端，即整个理论的合理性。理论认为，学生的福祉在于经过反思后他所希望得到满足的欲望能够被满足。但为什么把福祉与反思后的欲望满足等同起来呢？这种等同并不是不证自明的。经过反思断定某种生活方式能让我满足是一种经验事实，但这种生活方式本身好不好是经验事实吗？我们似乎从经验事实转到了价值判断，满足欲望和个人福祉在逻辑上似乎是两个不同的概念。

所有这些反对的意见可能会使我们倾向于从一种极为不同的角度来看待学生的利益。迄今为止我们所探究的理论都假设学生的利益与别的某种东西是等同的［如等同于上帝或自然的目的，幸福（任何意义上的），反思后的欲望满足］，但也许正是这一假设需要被质疑。

如何质疑呢？

有两种方法。一是我们可以坚持认为利益不能与别的东西等同，它是独具一格的。二是将它看作一份来自神学时代的不受欢迎的遗产而加以抛弃。

第二种方法讲得通吗？如果我们试图舍弃个人利益这一概念，还有什么别的东西也要随之舍去呢？我们将既不能谈论利益本身，也不能谈论有助于实现这种利益的其他基本利益；我们还不能谈论道德标准或美德，因

42

为假定我们作为道德主体，我们就应该关心他人和自己的福祉。

如果抛弃学生利益这一概念，就会从谨慎有道德的人身上剥离许多东西，以至于很难看出能留下什么。我们会不会变得像非人的动物那样，带有某种自然的追逐目标的潜能，靠着这种潜能来行动，而不会用自己或他人的福祉来引导自己的行为呢？如果我们如此缺乏自我意识，只想着满足一时的欲望而不考虑其他，我们就不能将自己视为人类。我们不可避免地会去了解未来，关心未来。

利益的特殊性

如果我们不能摒弃利益这个概念，我们能否采用第一种方法呢？也就是说，即使我们对人的福祉还有很多不清楚的地方，但至少有一点我们很确信，那就是利益不能与其他任何东西等同，不管是像追求知识那样很确定的东西，还是像欲望的总体满足那样不那么确定的东西。如果采用第一种方法，我们在以学生为中心的教育里就有了一个抓手。作为教育者，我们可能无法告诉学生他的利益是什么，但看上去我们确实能警告学生什么对他没好处。学生不能将任何东西等同于他的终极利益，不管是快乐、物质享受、神秘体验、对真理的追求，还是其他什么东西。这种领悟虽然消极，却绝不会让他无法提前规划未来的生活。这一领悟可以作为行动向导，使他不至于误认为某种特定的目的对他有益，从而一心追求它。这一领悟指导行为的能力也适用于道德生活，如果他身边有人执迷于某一特定目的，他便有充分的理由阻止他们那样做，就如同阻止自己那样做一样。

这种论说似乎陷入了一种僵局。如果说一个人不会出于认为达成目的对自己有益而执着于固定的目的，那就意味着他必须不断自省，时时提醒自己认识人类存在的独特性，提醒自己不存在至善至美的东西。但是，这不正说明他将反思型生活当作对他有益的东西了吗？他选择反思，不正是执着于一种目的吗？这不和唐璜（Don Juan）那样的人物或沉迷奢侈逸乐者一样有确定的目的吗？

能克服这一困难吗？我们可以鼓励学生警惕像上面描述的那样执着于反思的情形，教他们区分两种反思，一种是为了避免错误地认识利益而时不时进行的反思，另一种是将反思本身作为一种利益的反思。

但是，如何看待之前指责教育者肆意将自己的价值判断强加于学生的观点呢？难道实际上他不是在告诉学生他的福祉在于逃避，在于不被抓住，在于不要误解利益吗？教育者除了陷入逻辑上的混乱之外——他似乎在暗示学生应该从逃避中逃出来——还有一点，他似乎对人的福祉持有一种特别的，甚至可以说是奇特的观点：为什么人生应该围绕避免这种错误来规划？有些东西似乎大错特错。

不管怎样，以上所述假设把利益与别的东西等同起来总是错误的，利益确实是不可定义或不可确定的。但是，假定用于得出这一结论的所有哲学论证都是错的，而利益确实含有某种确定的内容，那么我们作为教育者鼓励学生逃避确定的目的是何等错误啊！

我想我们必须重新开始，如果不是从头开始的话，至少也要从利益这个概念似乎不可或缺，但又难以应用这一点开始。利益是什么，利益在现实中是否存在，利益不能与特定的规定等同，这是目前我们已经讨论过的在认识利益的过程中存在的问题。这是从可知与不可知的方面来探讨的，但这里采用的方法的理论性也许还是太强了。还有另外一种思路，它把利益看作被创造出来而不是被发现的东西，这一思路在教育领域很有影响力。

44

自我创造

个体——在教育中就是学生——现在变得更像艺术家，而非真理的探索者，他将生活看作个人深挚感情和直觉的表达，就像特纳（J. M. W. Turner）构思油画或华兹华斯（W. Wordsworth）构思诗歌一样。T. P. 能在《教育原理》一书中明确指出：

> 人生，就像艺术作品一样，要根据其"表现力"来评价。……我们的终极职责不是任由我们的天性肆意发展，而是要运用我们的创造力尽可能创造出最动人的个性。只有那样，我们才能成为，如我们注定可以成为的，在宇宙中与神同行的人。（Nunn，1920，p.249）

后面我将讨论最后一句话中提到的宗教合理性。人作为自我创造者的艺术模型在逻辑上独立于宗教。

这种观点起源于 18 世纪，可见于卢梭（J. J. Rousseau）、德国启蒙运动思想家赫尔德（J. G. Herder）和歌德（J. W. von Goethe），以及后来的黑格尔（G. W. F. Hegel）和马克思（K. H. Marx）的作品。穆勒（J. S. Mill）显然受到了冯·洪堡（W. von Humboldt）的影响，极力宣扬个性，穆勒的主张后来被 T. P. 能应用于教育之中：

> 人的目的，或者说由永恒不变的理性所指引的目的，而不是模糊无常的欲望所产生的目的，是人的力量的至高至和谐的发展，从而成为完备无缺、始终如一的整体。（Mill，1859，p.115）

将个体类比为艺术家非常适合我们的世俗社会。人没有天赐的利益，

45

所以必须自己去创造，并且必须从无到有地去创造。在一个没有内在价值的世界，个体不得不打造自己的生活，正如冯·洪堡所说，要赋予它某种和谐和完整性。这并不意味着没有冲突。交响乐建立在对比之上，绘画和小说也同样如此，但是艺术家能把这些矛盾冲突融入作品之中，创造更大意义上的和谐。按照这一模式，有益于人的并非整齐划一、恒久不变的生活，而是在整体中不仅有不同欲望造成的张力，甚至会有因为这些张力而蓬勃发展的生活，就如同艺术家一样，张力是巨大表现力的条件。

这给我们提供了一种新方法来看待学生利益和以学生为中心的教育目的。如果这确实是我们看待人生的方法，教师和其他教育者便有了一个目标，可以围绕这个目标组织课程内容，探索其他达到教育目标的方法。如果简单地推断，提高自我表达能力的一个好方法是让孩子们参加创造性的美学活动——绘画、写作等等，那么这样的推断也存在问题。在此我暂且跳过这些问题，留到第 7 章讲教育目的之实现时再来讲，这里只阐释目的本身。

那么，教育者应该在多大程度上让学生将生命看作一种表达，和艺术作品一样有着上文所强调的那些特点呢？

这一理论会比其他任何理论更能逃脱强制性教育和灌输之类的指责吗？学生旗帜鲜明地反对又该怎么办呢？

> 我不介意自由决定自己想过的生活，但是这一理论远不止是这样，它告诉我，我的目的必须是和谐生活，是超越了内在冲突的和谐生活，如此等等。我为什么要朝那个方向走呢？没有人告诉我理由。有人也许想把生活过成奏鸣曲或十四行诗，我为他们感到高兴。但我自己不想那样过。这不仅是因为人的生活极易受偶然事件所左右，以至于把它塑造为和谐整体的想法很难实现（生活中没有什么东西像陶匠的黏土或画家的颜料那样可以任人摆布），更重要的是，这完全不适合我。我更多地是过一天算一天——目前是这样，我不是说我一直

都打算这么做。我同意要有人生规划。[2] 但主要问题是，我不明白为什么我不能想怎么做就怎么做——制订整体人生规划或不制订规划。

这一论述中对人生规划的理解有些混乱。将生活类比为艺术并没有暗示一个人必须从一开始就了解目的是什么、如何达成目的，并据此清楚规划人生。也许有时候艺术品是这样创造出来的，但更典型的情况或许是，尤其是对于耗时较长的作品，艺术家开始时对于他所追求的东西只有一个大概的想法，随着创作的进行，想法会逐渐丰满，经历无数迂回曲折、心意改变、从头开始，才成功地创造出一个确定的作品。人生也是如此。有人生规划并不表示从一开始就有了一个充满细节的蓝图，整体的图画可以经由生活阅历的塑造与再塑造逐步描绘出来。

然而，学生不明白为什么他必须成为一个自我创造者。如果他愿意的话，为什么不能放任自流？为什么他不能把自己的生活弄得一团糟？

一种答案认为，即使一个人相信对自己最好的事是成为自我创造者，也并不代表他一定想强迫自己成为自我创造者。如果不从他自己的角度出发，而是从更大的群体的角度出发，哪怕牺牲他自己的最大利益也让他自由选择他自己想做的事，也许会更好一些。这里存在一对相互冲突的考虑——个人自由和个人福祉——没有理由总是牺牲前者来成全后者。

这似乎可以避免上面学生所抱怨的家长专制作风，但其实不然。如果一个人年轻时的教育由自我创造理念主导，即使他成年后有了抛弃这一理念的自由，他年轻时还是被迫走上了那个方向。不管怎样——而这正是问题的核心——如果自我创造的概念建立在价值不存在的基础上，但同时又说自我创造是件好事，这岂非自相矛盾？这里明显存在一种危险：自我创造是一种纯粹的个人理想，它可能只适用于一部分人而不适用于其他人，然而它却可能被当作对所有人都一定有价值的东西。

也许我们可以通过追问这一理念的合理性来检验一下。T. P. 能借助宗教给出了一个答案——"只有那样，我们才能成为，如我们注定可以成为的，在宇宙中与神同行的人"。但如果我们不接受宗教性的解释，那又怎么办呢？理论的支持者有责任给出理由，说明为什么自我创造应该是每个人的理想，而不是仅仅适用于那些选择它的人。

在多种观点争论中的选择

我们似乎已经讨论了很多了，但讨论了这么多有关学生利益的观点及反对观点，我们还是没有一个满意的答案。我们还有别的途径吗？

我们可以重新检视已经讨论过的理论中的一些基本问题，尤其是将利益等同于反思后的欲望满足的理论。对这一理论有四种反对意见，其中有一些是不完整的。

（1）第一种反对观点，就数草叶的例子来说，反对者理所当然地认为数草叶的人是怪人。这种论证的形式属于归为荒谬：一个数草叶的人怎么能处于最高的福祉状态呢？我们之前没有追问为什么这很荒谬，也许现在是提出这种疑问的时候了。

为什么这是一件荒谬的事呢？

这一例子的提出者罗尔斯认为，它违反了人类心理的普遍特点。罗尔斯称之为"亚里士多德原理"，即在大多数情况下，人类更愿意参与复杂度高的活动（Rawls, 1971）。因此，一般情况下，一个人会对数草叶这种不用动脑的事感到厌烦，而宁愿选择更有挑战的事——当然，这只是对大多数人而言。罗尔斯承认也许有人会选择数草叶，但那个人是例外，是不正常的。

罗尔斯所使用的"亚里士多德原理"存在一些问题，这些问题在文献中有充分的讨论。既会下国际象棋又会下国际跳棋的人不见得通常更喜欢下国际象棋。如果可以的话，很多人愿意将相当多的时间花在非常简单的事情上，如在乡间散步或进行日光浴。

48

罗尔斯的论证诉诸他所宣称的人性的特点，与之相比，它在具体论证上的对错并不那么重要。在我们最近关于学生福祉的讨论中还没有怎么关注过人性。当然，人性是和极端进步主义一起被谈及的。在极端进步主义理论中，天性是一切——它完全预先决定了我们的福祉。当我们抛弃那个理论后，我们也渐渐，不再将人看作自然秩序的一部分。在我们所考察过的多种观点中，关于幸福的愉悦理论至少是与我们的天性相联系的，愉悦理论认为某种特定的能力，即体验愉悦感的能力，只有某类生物才有，包括人。如果有火星人或者天使，也不保证他们具有体验愉悦感的能力。也许存在关于他们的福祉的疑问，但如果他们确有福祉的话，那一定是由别的东西组成的。当我们转向关于幸福理论的第二种理解时，虽然仍在讨论欲望满足，但我们不再提愉悦感。抛开其他动物不谈，只有人才有欲望吗？是否还有其他有欲望的理性生物、神、天使、火星人等呢？抑或欲望取决于是否具有人类与猿、猫、狗等动物共有的动物性？答案并不清楚。当我们把福祉看作自我创造时，甚至不再明确提及欲望了。现在，人从无到有地创造自己。我们已经接近存在主义的观点了，即否认人有天性，认为人都是自己创造出来的。然而，是否只有具有欲望的生物才能进行自我创造，欲望是否取决于动物性，这些问题都尚无定论。

让我们再回头看看数草叶的例子。罗尔斯认为，数草叶的人偏好一个如此简单的中心目的是不正常的。罗尔斯的心理学理论可能是错的，但是认为数草叶的人很荒谬仍然可能是对的，因为我们隐约知道正常的人是什么样的。关于数草叶的人，我们只知道他不可能凭空选择数草叶。作为一个人，他生下来便有七情六欲，有的欲望，例如性欲，一开始是隐藏的，但在适当的时候便显露出来。行为学研究表明，我们与动物有很多相同的先天习性。我们想要生存，我们有性欲，我们有好奇心，我们是喜欢他人陪伴的社会性动物，我们不喜欢挫折，想按自己的方式做事，我们不喜欢被人盯着，喜欢被人注意，我们爱玩……数草叶的人如果是个正常人的话，天生就会有各种欲望，并且都需要得到满足。当然，欲望之间会有冲突，并不是所有欲望都能得到满足。人和其他动物一样，可能既想玩乐又想生存，但当玩乐和生存发生冲突时，生存的欲望总会胜出，其他的欲望也类似。这个例子提醒我们，自然会帮助我们解决类似的冲突，它会进行权衡，在特定环境下将一种欲望的满足放在另一种之上。数草叶的人也是如此，他有着这样或那样的欲望，有欲望的冲突，有解决冲突的天然兴趣。这并不是说他的欲望、冲突和解决方法完全来自自然，与人类习俗制度或人类文化完全无关。毫无疑问，我们具有别的动物所没有的欲望。人可以想写小说、制造火箭、下国际象棋，但这些欲望都取决并来源于更为基本的天然欲望：对人际交往、探索或玩乐不感兴趣的生物是不会有这些欲望的。〔这一思路很大地影响了我在本节的思考，想要了解整个思路，请参见米奇利（M. Midgley）译校的《兽与人》（*Beast and Man*）（Midgley，1979）。〕

　　那么，我们要如何看待这个数草叶的人呢？我们可以假定他有着正常的欲望，并且毫无疑问，他所在的文化已将他的欲望导向了特定的方向。在这些欲望中，哪些是他偏好的呢？难道他在生活中没有给友情、艺术、休闲、好奇心留下空间吗？难道除了数草叶，他就没有其他的欲望了吗？如果没有，那他这种情况的确是荒诞的，因为人类完全不是这样的。我们有一连串天然的欲望，这些欲望被文化塑造成特定的形式，成为我们构造中的永久特征。对不同的欲望，我们看重的程度不一样，有时候某种欲望可能无关紧要，但重要程度也是有限度的，我们无法只保留一种欲望而将其他欲望都从生活中排除出去。如果罗尔斯所说的数草叶者真的荒谬的话，我们只能认为他荒谬在将数草叶放在满足感的最高层次，也许他也喜欢有人陪伴，也喜欢玩乐、大笑、帮助他人等等，但这些对他来说都远不及数草叶重要。也许数草叶是一种极不寻常的满足某些天然欲望的方法，也许数草叶给了他一种安全感，又或许数草叶让他引人注目。如果这样的话，这些欲望就会位于他欲望金字塔的顶端，但它们依然无法孤立存在。作为人，他还会想要其他的东西，虽然可能要得不多。（除非他的其他欲

50

望也很强烈，比如数草叶可能是一种压抑他性幻想的强迫手段。）如果数草叶者有各种欲望而不是只有一种，他的福祉就不能取决于他反思后所认为的最大欲望的满足度（幸福的第二种定义）。这一点现在还不是很明显，因为他"最大的欲望"不是指一个占主导地位的欲望，而是各种欲望的次序组合，也许当我们越来越了解他想要什么以及为什么想要的时候，相对于其他欲望，他对数草叶的偏爱可能会更讲得通。如果这个例子要有现实性，就要更讲得通一些。是的，很难看出一个人为什么会喜欢这样的生活方式，除非出于某些宗教原因或心理需要，但也许这一切表明，这个例子还是太离奇了，我们不必当真。

如果所有这些都是对的，就要做更多关于幸福理论的表述，而不能只说人的福祉在于反思后所偏好的欲望的满足。

（2）第二种反对意见认为幸福理论坚持自主性的理由不充分。反对的主要论据是，一旦学生被教育成为一个自主选择者，学生就可能会说他宁愿不成为自主的人，这样一来自主倒像是一种武断地强加于他的东西。根据以上对人性的论述，我们现在可以回答，引导孩子走向自主绝对不是武断或没道理的。孩子天生就有欲望，有欲望的冲突，也有更高层次的解决冲突的倾向。人类制度和文化延展着欲望，随着欲望的增长，欲望之间产生冲突的可能性也在增加。孩子不得不给发展中的欲望排出等级顺序，将它们整合在一起，从而学会处理冲突。要帮助孩子变成自主的选择者，就要鼓励他们按这种方法反思他们的欲望，这样他们就可以用一个稳定的、统一的偏好体系来指引生活。（这并不是说这一体系不会随着经历的丰富而变化，它当然会变化。）如果我们未能鼓励孩子自主，他们会怎么样呢？似乎有两种可能性。当他们的欲望相互冲突时，我们可能会阻止他们解决问题，从而使他们一直置身于持续的冲突状态之中。这是残酷且毫无意义的。或者，我们可以鼓励他们解决冲突，但不是通过自主反思，而是通过盲目依赖权威，比如父母、教师、媒体或同龄人。毫无疑问，我们自然希望所有孩子，特别是在他们年幼的时候，在一定程度上依赖权威。然

51

而，难道应该鼓励他们，正如现在所提倡的那样，一直这样做直至长大成人，而不是逐渐让他学会自主吗？这样做有什么好的理由吗？我们还须证明，他们所依赖的权威最了解如何解决他人的欲望冲突。尽管有人更了解采取这种行动方案而不是那种行动方案所带来的后果，有的人对个人选择的伦理或心理反思得更多，但是没有一种专业知识体系能让一个人对另一个人说："考虑到他 A、B 两件事都想做，做 A 的后果是如此如此，做 B 的后果是如此如此，综合考虑，他应该做 B 而不是 A。"当涉及这种判断时，没有伦理专家。我们可以征询他人的意见（这就假设我们最终是自主的），但不需要权威的宣告。如果是这样，回到主要问题上，教育者就没有充分的理由教育孩子当他们的欲望发生冲突时，应该依赖权威。

由此看来，自主选择根本不是武断地强加于学生的。在理论上，我们很容易构想出一个假想的学生来反对说，如果自己是一个奴隶，或是在美丽新世界中像僵尸一样活着的人，可能会更幸福一些。但是，一旦我们赋予他人性，让他变得有血有肉，他的观点就很难说得通了，除非他这种祈求表达的是未解决的冲突。他可能只是羡慕那些头脑中缺乏他所经历的紧张关系的人。在这种情况下，他需要更多而不是更少地反思自己的欲望，并使其有序排列。

所有这些能在多大程度上给教育者一个理由，让他们不仅培养学生达到自主状态，而且鼓励学生在达到自主状态后仍保持自主呢？在我看来，没有充分的理由表明学生不论在什么情况下都要保持自主性。因为在有些情况下，要在保持自主与放弃自主的选择之间进行权衡。也许自主的生活方式在某些情况下会变得很沉重，个人最后的自主行为将会是摆脱自主，我们必须始终为他保留这种可能性。但这并不意味着一旦学生自主了，教育者唯一能做的就是告诉学生："你们怎么生活对我来说都是一样的。不管你们保持自主还是放弃自主，我都无所谓。"教育者有理由期望他培养出来的自主的学生一直保持自主性，除非他发现自主带来的负担太重，如前所述，人类生活充满冲突的特性、解决问题的需求、误认为可以找伦理

52

专家并依靠他们的想法，都可以让他们放弃自主。

（3）现在我们来看另一种反对意见，这种意见认为，自主理论没有指导学生如何选择他的生活方式：面对各种后果难料的选项，他应该依照什么标准进行选择呢？他只是"慎重选择"吗？就我们所看到的来说，选择根本就不是在可能的欲望满足清单上插一根大头针的问题。做选择的时候，人要考虑已有的各种欲望，其中最基础的欲望是人的天然欲望的一部分，是不可剥夺的。选择就是权衡相对重要性并保持不同欲望满足间的平衡，这样人的自然需求——社交、安全感、荣誉等——才不会受到阻挠。公务员的安定生活从长期来看令我满意吗？它会不会过分妨碍了我对新奇体验的自然偏好，或者妨碍我扬名世界的雄心？只有完全了解我是怎样的一个人，了解倘若我采取某种特定行动方针，我要牺牲其他的什么天性，我才能充分考虑这个问题。但这是一个思维方式的问题，而不是盲目地慎重选择。并且，我的思维在很大程度上受他人思维的影响，他人的思维表现为我所在社群中的常识性智慧以及作家和哲学家的洞见。并不是只有我一个人才会有各种冲突：安全与自由、知识兴趣与社会性、名望和利他主义、对重要事情的严肃关注与拿其开玩笑等等。这些冲突是人性的一部分，一直都存在，只不过并不总是以同样复杂的形式存在。千百年来，人们一直在反思这些冲突，他们思考的成果以文学或其他形式表现出来，能够指引我们进行眼前的抉择。

所以认为选择者得不到指导的第三种反对意见也不存在。只要将自主理论与特定的人类天性结合起来，而不是将其泛化为适应神明、天使或火星人等不具有人类特质的生物的东西，我们就能从前人的思考中得到指引。

（4）现在还剩下第四种也是最后一种反对意见，它与理论的整体合理性相关。为什么个人福祉应该等同于欲望（反思后的欲望）的满足呢？没有理由能证明这一点，但似乎至少有一个强有力的反对理由。个人福祉与欲望满足在逻辑上似乎是两个不同类型的词：某种生活是否令人满意是一

53

个经验性问题，可以通过观察来确定；但某种生活是否有益，则引入了一个价值问题。

由于利益这个概念似乎无法还原为欲望满足这种经验性的概念，所以哲学家转向反自然主义的人类福祉论，如认为福祉是从无到有的自我创造。但利益这一概念可以简化或还原吗？这里的问题在于，目前关于人类福祉的概念具有历史性，在大多数时代，它一直与人的神学形象及人在宇宙中的地位结合在一起。近年来，它又与人类中心学联系在一起，这些学说以人而不是神为万物中心，但和旧的神学理论一样，强调人在自然秩序中的独特性和与其他动物的不同。在历史上，大多数时候都是从宗教范畴来看人类福祉，脱离并反对人作为动物性存在的满足，即使在人类中心学取代宗教观念后，依旧不愿意把福祉等同于动物性满足。因此，在欲望满足和利益之间存在概念上的鸿沟也就不足为奇了。从利益的传统概念来看，这一鸿沟的存在是毫无疑问的。但重要的是，我们是否有必要使用这个传统概念呢？难道我们不能将其当作神学时代遗留下来的令人困惑的思想而加以抛弃吗？

一旦我们从另一端开始将人看作一种动物，像别的动物一样拥有一系列有可能相互冲突的欲望，而人类特有的生活形式，包括复杂的语言机制、道德、政府、科学等等，都是围绕这些自然欲望建立并发展起来的——一旦我们正大光明地将人当作一种动物而不是失意的神，我们便很难看出除了把福祉定义为欲望的满足之外还有什么更好的表述。这里的欲望不仅包括人与生俱来的欲望，还包括他的文化赋予他的欲望。欲望的满足则指将生活当作一个整体，并且对欲望之间不可避免的冲突进行反思，从而找到某种方式把它们依序排列起来，融合到人生规划中。也许我们不能放弃利益这一概念，虽然它是通过我们现在已经不能接受的理论传下来给我们的。根据该理论，我们必须根据一些有关福祉的观念来规范我们的生活。虽说如此，如果我们重新评估一下我们与自然界其他事物的关系，便没有理由不将利益看作对我们天然欲望的满足。

54

如果这样行得通的话，那就没有必要拒绝反思后的欲望满足理论，也不必寻找其他对人类福祉的论述，如将它当作本质上不可发现的东西，或是从无到有的自我创造。当然，只要将这些表述与欲望满足理论结合起来，而不是将其当作欲望满足理论的替代理论，那么这些表述还是有可取之处的。第一种表述告诉我们利益是一种神秘的东西，无法被发现，但存在。在追寻它的过程中，我们可能会认为自己发现了它，但我们要抵制这种诱惑，不要将它等同于某种秘诀——艺术创作型生活、反思型生活、社会服务型生活、这三者的融合或其他。自然主义观点减少了许多神秘感，但也并非减少了所有的神秘感。人类与别的动物极为相似，也极不相似。不同之处在于，由于文化的影响，人类的欲望更复杂，而这一系列复杂的欲望能成为他们生活方式的构成要素。此外，由于人具有特殊形式的智力和自我意识，他们必然会仔细考虑各个欲望的重要性并将其整合起来。他们应该怎么做呢？他们在区分欲望的重要性、权衡取舍、平衡欲望时，应该以什么为指导呢？我已经认可了自然和人类文化能提供的帮助，但这不能解决一切问题。个体自己必须做出最终的决定。在描述他要如何做的时候，很难避免使用"深度"这个比喻：他必须在他表面的喜好之下进行挖掘，使自己不至于未经思索便接受从别人那里学来的生活理想，深入更基础的存在层次，到达"最深层的需求"——完全的自知将会向他展示他最基本的取向。

但假如桶底空空如也，我们能发现最深层的自我吗？或者说，自我创造终归是一个更恰当的描述？说我们从虚无中创造了自己是无稽之谈。我们有人类的天性，但我们的天性也是最终的选择。如果到了某一点，我们无法更深入地发掘自我，那除了听从前人遗赠给我们的指导，用自然给予我们的材料来构建我们的生活，我们还能做什么呢？艺术这一类比在某种程度上是贴切的。一件艺术品是一个完整的统一体，是多元与冲突的和谐化。人生也是如此。艺术品和人生都不会自我构建，也不是由自然建构的，它们都需要创建者。

也许最终我们无法裁决人是自我创造者还是自我发现者。我们可能还不如退回到将人生当作自我实现过程的老观念，依赖这一概念的两面性，一方面了解自己，另一方面制订一个自我决定的计划。

那么，我们能够在多大程度上接受将反思后的欲望满足理论当作人的利益的最佳表述呢？它已经经受住了好些反对意见，但是否还有其他的反对意见呢？[3]

（1）这一理论将个人福祉视为反思之后一个人最想得到满足的欲望之实现，但在人的一生中，其所偏好的欲望是会变的，甚至会发生极端的变化。如此一来，当人的偏好发生变化，在某个时候被当作福祉的东西，换个时间就不一定是福祉了。假如一个时期偏好 A 型欲望，另一个时期偏好 B 型欲望，那 A 和 B 两种欲望满足的方式，哪一种更符合人的利益呢？如果一种算而另一种不算，那我们是根据什么标准来判断的呢？反思后的欲望满足理论不能解决这个问题，因为两种情况都符合条件。

对这个问题的一种回应是，利益是由人的整个一生而非一个个孤立时期的欲望满足构成的。如果一个人或多或少满足了早期的 A 型欲望，或多或少又满足了截然不同的 B 型欲望（根据欲望的改变，又满足 C 型欲望、D 型欲望等），那么这个人总体来说过着一种幸福的生活。所以，没有必要引入我们所使用的理论之外的标准。

即使如此，还是有疑问：一个人认为的利益，即使是从整个一生来考虑，也许事实上也并非利益。这是什么意思呢？是如果一个人重新活一次的话，他的偏好可能会有极大改变吗？这就像是从 A 到 B 的过渡。在讨论这个问题时，我们认为即使 A 不被 B 接纳，在考虑整体福祉时，A 的满足也不应被低估。一个人一生的满足感，作为整体而言，同样不应被低估。的确，一个人不能说他的福祉不同于他所认为的福祉，但这不应该成为令人担心的理由。它只是我们在自我创造观念中已经提到的真相的反映。归根到底，考虑到我们所说的基于天然欲望的福祉，我们的福祉还是最终的选择。我们只能做我们能做的。当我们已经尽可能全面地

56

规划了我们的生活后，对发现福祉也就没什么可做的了。我们生活在表象世界，而真实依然在此之外，这一观点可能依然困扰我们。古老的理论，如神学，是这样认识利益的。但像这种古老理论的幽灵，我们没有必要再被迫接受。

（2）第二种反对意见把我们带回之前的讨论，即反思后的欲望满足理论是否在某些情况下过于强调反思性。这一理论似乎要求我们花很多时间进行人生规划。在理想情况下，我们必须知道所有可供我们选择的目的，反思达到目的之途径及过程中会遇到的困难，在明确选定这条道路而不是那条道路所带来的后果和可能的影响后，我们要制订确定的、重点突出的计划，如此等等。也许有人会说，规划本身就可以持续一辈子。比如第一项，了解所有可能的目的：目的简直太多了，特别是当我们不仅看主要类别，还看子类别的时候（就纸牌游戏来说，我们就得了解单人纸牌游戏、扑克牌游戏、由两对游戏者玩的惠斯特纸牌游戏、桥牌游戏等，那每一类下面的子类又该怎么办呢？）。4 如果我们把事情推进到这一步，我们将到达一种理想的人生状态，将大量时间，或许是无限增多的时间，花在制订计划上。但并不是每个人都需要这样的理想，事实上，如果真有人按这种理想来生活，反倒是可笑的。这一理论过于强调通过反思做出选择，殊不知在很多情况下，我们的选择都是一时冲动的结果。没有理由表明反思性的生活比冲动性的生活更有益。我们在全面反思我们的人生规划之前，便在一定程度上有了特定的行为方式、活动、生活模式，而这一理论忽视了这点。坚持认为年轻人要制订出人生规划才能参与作为他们整个生活方式一部分的特定活动，这完全违背了人性。假如一个12岁的女孩爱上了音乐，她是不是应该对音乐保持不温不火的投入，等到几年后能更好地决定是否还想将音乐纳入人生计划的时候再来做决定呢？她为什么不能全身心地投入？这个理论会不会培养出对任何事物（当然除了制订人生计划）都不感兴趣的年轻人？

这一理论本身能相当容易地平息部分反对意见。有人生计划并不代

57 表排除自发性或冲动性，做计划的时候可以将自发性包括进来，就像有的人计划年假一样，他们会给自己一些自由，满足自己的奇思妙想或一时兴致。但这个答案对我们的帮助是有限的，因为这里的根本问题是一方面强调反思这一理想，另一方面又不愿意将一些构成福祉的东西排除在外，这些东西与其说是反思的产物，不如说是被不同类型的活动或计划卷入、吸引甚至取代的产物。

我认为这表明，我们不应该把反思后的欲望满足理论太推向反思的方向。毕竟理论的名称有欲望满足和反思两部分，我们不能忘了前面提到的重要的一点，即我们需要满足的欲望很大程度上蕴含在我们的天性之中。例如，如果好奇心的满足是自然给予我们的福祉的一个组成部分，那当一个孩子未经反思就迷恋自然科学时，我们肯定有初步的理由认为往这个方向发展她天然的偏好至少不会与她的福祉相冲突。从理论方面来看，即从人性而不从理性要求来看，我们当然不应该阻止孩子的热情。同时，我们也没有必要把反思论的理想推进到可笑的地步，认为确保学生知道各类目的的子类别比确保他们有真正的投入更重要。上面我已经谈到过我们有必要平衡相冲突的欲望，这只是同一个问题的另一个例子。一方面，我们希望充满热情地参与到事情中去，希望我们一生包括童年时期都是这样，而无须等到能确定一个明确的人生规划的年龄之后才这样。另一方面，我们不希望孩子被狭窄的人生选择范围所限定，而是能在认识到所有可能的选择之后，对整个人生进行反思。如果我们在任一方面走得过远，那么在前一种情况下，我们的视野就会变狭隘，在后一种情况下，又会疯狂地追求全面性。我们必须在两者之间寻找平衡。我们有充分的理由向投入和热情这一边倾斜，因为反思本身并不是目的，而是为了促进欲望的满足。从根本上来说，我们应该做我们最想做的事情：那正是人生计划的要义。

以学生为中心的教育目的：双重任务

如果教育者以增进学生的利益为目的，那么他们的工作就是双重的：一是增进理解，二是塑造学生的品质，使学生的行为举止有特定的方式。

学生必须对自己的福祉有大概的理解。他必须将自己看作具有种种自然欲望的动物，并且明白受文化影响，欲望会表现为不同的形式，各种新的欲望也植根于文化。从了解人类欲望的广泛性来看，他受的教育是扩张性的。与此同时，他的教育又是限制性的。他不能从这个大杂烩中即兴选择自己的生活方式，他必须懂得自然欲望的永恒性——对爱的需求、对安全的需求等等——也必须懂得他需要围绕这些永恒的倾向，将自己所有的欲望统一起来，他要在各种互相冲突的需求之间寻求平衡，并将这种自主平衡融入他欲望的统一体。

这些都与最终意义上的福祉，即作为目的本身的福祉相关。先前，我们讨论了基本利益，即追求任何目的本身的必要条件——最低限度的收入、健康、住房、食物、衣服等等。学生必须对基本利益有所了解。更广泛地说，他需要知道他可以采取什么方式达到他的目的。如果学生不知道获得福祉所需要的东西，那么让他了解什么是最终福祉是没有意义的。获得福祉所需要的东西在一定程度上取决于终极目的确切包含的东西。如果收集古董是构成目的的要素，我们就需要有很多钱，但是别的生活方式需要的钱可能少一些，诸如此类。在变化中也有不变的东西：有的生活方式可能对体格要求比较高，但是任何生活方式都对身体健康有基本的要求。在作为手段的利益中，还必须有于己有利的美德，如勇气、节制和智慧。与住房或金钱不同，这些不是必要的物质条件，但是它们与欲望的调节、排列和整合相关。没有它们就如同没有食物或住房，学生就不能达到最终目的，所以学生必须要理解这些美德在其生活中的地位。

学生也需要知道在追求最终利益的过程中会遇到什么障碍。这些障碍可以是各种类型的，比方说心理障碍，他可能选择了某个目的后缺少相应的能力或气质，也可能受神经质焦虑或其他形式的精神疾病困扰。精神疾病不仅会妨碍学生特定的生活方式，还会妨碍他进行人生规划所必需的反思行为。此外，还有社会经济方面的障碍。他进入自己心仪的职业的机会可能受多种因素限制：也许求职的竞争非常激烈而且岗位有限；有的学生群体，如来自公学的学生，可能在竞争中有特殊的优势，而他不属于那一群体。工作机构的组织方式——不管是专制的还是民主的——可能有利于也可能不利于他所选择的生活方式。这些只是一些例子，还有其他各种各样的社会经济障碍。世界上重要资源的枯竭也会妨碍今天的年轻人所选择的生活方式，他们要对此有所认识，这一点很重要。诸如此类的例子还有很多。

我强调对方法和障碍有所认识的原因之一是，将它们考虑进来有助于塑造学生所采纳的最终目的的模式。他在理想世界想做的事必须与现实和可能性相适应。他对人生计划的反思整合甚至会比我们仅讨论目的本身时更复杂一些，但绝不会更难，因为选择的不确定性变小了。新的冲突，也就是理想与现实的冲突出现了，必须在对立的需求之间建立新的平衡。再次重申，学生不是孤立无援的，他可以从小说、传记或其他地方获得指引，但他最终如何建立平衡完全由他自己决定。

由此可以明显看出，学生既要对方法和障碍有一般性的了解，也要有具体的认识。他需要知道在一般情况下，什么会帮助一个人，什么会阻碍一个人，他也需要知道在这个世界上的某个特定情况下，他会面对什么具体的障碍，有哪些特定的方法可用以克服那些障碍。一般性认识和具体性认识相辅相成，缺一不可。

关于增进理解就讲到这，另一个目的与塑造品质相关。仅有理解是不够的。以上描述的很多东西——各种各样的可能的目的及自然的限制，基本的利益和障碍，一般的和具体的认识，欲望的冲突及欲望整合的必要性——人们原则上可以理解它们而不采取任何行动或只采取一点点行动，如果这样，理解就还停留在理论层面。只教给学生这些东西对他是有害的，因为他需要有各种品质，或于己有利的美德，才能将这一切整合成一个统一的整体。当长期的利益与欲望发生冲突时，他需要勇气以防止自己被可怕的欲望支配；他需要节制，从而将肉体的欲望控制在一定范围内；他需要耐心、意志力和好脾气。他还需要反思力来整合他所有的欲望，当欲望彼此冲突时能建立恰当的平衡。与反思力相对应的是行动力，他还要能听从自己的欲望，满腔热情地投入自己的规划中，而不像哈姆雷特一样，永远都在反思却从不行动。

怎么培养出这些品质是另一回事。有了一定的行动力后（因为这一品质简直就是我们天性的一部分），品质的培养注定是一个缓慢的、循序渐进的过程。品质的培养必须与理解力教育齐头并进：从实用的观点来看，这两者在许多方面都密不可分。在这两者中，品质更重要，因为我们所描述的以学生为中心的教育旨在将孩子培养成某一类人。拥有知识或理解力本身不是教育的目的，但没有它们，便不可能培养出必要的品质。

第 4 章　社会本位教育目的（一）：经济目的、道德目的和以学生为中心的目的

　　教育应当仅以学生的利益为导向吗？很少有人这样认为。我们还要考虑社会利益，无论它指的是经济目的还是学生的道德义务。虽然家长、教师以及教育学家没有忽视上述目的，但近来他们倾向于将以学生为中心的目的放在核心位置。这种做法有道理吗？这些相互冲突的目的应该遵循什么样的优先次序呢？

经济目的和以学生为中心的目的

　　教育制度有时在一定程度上被人们特别是政治家们当作维护或改善国家经济生活的一种手段，它有助于向各个部门提供它们所需要的，具备恰当资格、能力和态度的劳动者。

　　这一目的经常与以学生为中心的目的相左，尤其是与上一章最后提出的那类积极的目的不一致（Edgley, 1980）。上一章提出的目的是扩大学生的视野，让学生成为命运的主人，但以经济为中心的教育却很可能限制学生的前程，将他们修剪成最适应他们职业角色的样子。这种冲突可能会变得非常尖锐。想一想，在我们这种"发达"的工业社会中，有数百万种相当乏味的工作，如果有多种选择的话，没有人愿意把它们作为人生规划的

永久组成部分。这样的工作不仅包括诸如采矿、修路以及搬运化肥袋这类艰苦或危险的工作，还包括那些由于技术进步使得劳动分工变得极端精细而产生的乏味的、重复而机械的工作，如在装配线上、超市收银台，以及越来越多的办公室里的工作。

经济目的与以学生为中心这一积极目的可能会产生各种冲突。首先，两者在所需要的知识和理解力的类别上有冲突。我们知道，以学生为中心的目的要求学生对不同的目的、达到目的的手段等等有非常广泛的了解，经济目的则只要求学生具备某一种或某一系列特定的工作所必需的知识。有的工作需要在机械工程、海洋生物、工业心理学等方面知识渊博的专家，但经济目的没有给出需要他们了解其他方面知识的理由。对于那些需要很少或不需要专业知识（几天或几星期内掌握不了的知识）的大多数工作而言，经济目的要求的知识相当少，只要有基本的识字和计算能力就足够了。一个人所学的知识超过他所需要的范围越多，他的视野便越开阔，从而会对自己不得已而从事的无趣的工作感到不满意。

这两种目的在品质培养方面也有冲突。以学生为中心的目的鼓励反思，而经济目的，至少我们现在所讨论的经济目的，则鼓励随时服从权威。如我们所知道的那样，劳动者在产业中被当作劳动力的计量单位，他们无须反思安排给他们的工作的对错。更何况，反思可能会滋生不满情绪，影响公司的平稳运行。因此，教育系统中以经济为导向的管理者们通常会强调学生要服从教师的权威，并且偏好专制型学校组织结构。这也可以解释为什么管理者喜欢让学生用死记硬背的方式来学习算术和外语这样的学科。训练新兵的人都知道操练的价值，操练可以使人顺服，使人毫不质疑地执行命令。学校里死记硬背的方法也可以达到同样的目的。

以学生为中心的目的和经济目的最重要的区别在于，以学生为中心的目的要求学生自己内化这一目的，看清它并心悦诚服地接受它。如果学生没有认识到或者逐渐认识到这就是教师要求他为之奋斗的目的，如果他不接受这个目的正是自己想要的，他便不可能自主地规划自己的生活。而这一点对于经济目的来说完全不必要，目的本身并不包括让学生了解并接受维持经济或改善经济这一目的，学生只需要具备一定的条件和足够好的态度，能承担某一经济领域中的某项工作就行了。从上述原因可以看出，向学生透露教育目的确实很可能会起反作用。如果他知道了，他可能会反抗。他可能不愿被引导到一个毫无意义的工作中，也不欢迎专业化对他视野的限制。他的无知让教育者有更多空间隐蔽而巧妙地让他服从。

面对这种目的间的冲突，应该怎么办呢？

我们可以像鸵鸟一样忽视它。一种方法是修正对教育的定义，这样就不存在冲突了。若将教育定义为某种仅具有内在目的的东西，比如为了知识本身而追求知识，经济目的就不在此范围内了，单纯从事教育工作的教育者也与经济目的毫不相干。此时，其他概念登场了：为特定目的进行的特定技能培训、为适应职场规则进行的社会化。然而，培训和社会化都不属于教育的范畴。

这样倒是简单，但不解决任何问题。除了引发我们在第 2 章中讨论过的将教育限定于内在目的时遇到的种种困难，教师和其他教育者还是要面临重新定义的教育目的和经济目的之间的冲突，虽然现在这已不再是教育目的之间的冲突，但冲突依然还在。

应对这一冲突的另一种方法是妥协，即"交给凯撒"。第 3 章中提到的对小学教师教育目的的调查（Ashton et al., 1975）是一个很好的例子。调查发现，小学教师对教育目的的认识处于一个连续体上。在连续体一端的教师认为"教育是社会采用的一种手段，……通过这种手段来保证新一代在实践和意识形态上维持社会现状"（p.11）。这类教师"将掌握基本技能和传统的社会行为作为最重要的教育目的"（p.12）。在连续体另一端的教师认为"教育是服务于个体的"（p.11）。他们认为教育最重要的目的是"关注情感和理智的独立发展，在更广泛的教育领域中包括艺术、音乐、运动、戏剧等等"（p.12）。我们得知，很少有教师完全坚持某一极端的观点，"绝大多数在某种程度上同时持有两种观点"（p.11），只是侧重点不同而已。

矛盾立刻显现了。许多教师看起来也采取了妥协的办法，他们将一部分注意力集中在基本技能上，其他时间则促进孩子的个人发展，给孩子提供充分的选择，让他们自由参与活动，特别是创造性活动，比如安排他们上午进行读算，下午"自由活动"。

这里所涉及的特定的妥协，尤其是与带有审美取向的学生福祉观念相关的妥协，还存在许多问题。它与其他类似妥协的通病是没有将这两种目的联系起来，也因而没有将为两种目的而开设的课程活动联系起来。每种目的都得到了应有的重视，但代价是什么呢？这两种目的从根本上是冲突的这一事实并未得到正视。

小学生参加工作为时尚早，还无须面对工作的问题，因而这种冲突暂时还可以隐藏起来。中学生就不那么轻松了。对反应敏捷、知识丰富的学生而言，新的决定近在咫尺——向专业化发展。经济发展需要专业人才（据说包括行政机关和其他单位提供的艺术专家岗位）。如果学生有专长，能参加他所学专业的公共考试并尽可能在系统中往上走，那么，他就有希望获得好工作，得到相应的收入和地位。如果主要用"好工作"来衡量他的个人福祉，那么，经济目的和以学生为中心的目的的便能很好地吻合。然而，我们有理由用更自由的方式来看待个人福祉。我们越强调将视野的广度作为目的的一个要素，这种妥协方式就越不牢靠。问题只是表面上得到了解决，真正的矛盾还隐藏在下面。

不管怎样，这种解决方法只适合学习好的学生。其他学生怎么办呢？他们甚至得不到哪怕是微弱的能将经济目的包含在内的福祉。他们想要有自己的生活的欲望面临着一个严峻的事实：除非他们运气好，能靠开小型出租车或打零工为生，否则等待他们的将是工业社会中半农奴式的生活。年龄大的学生意识到这一点后便变得令人头疼，这一点也不奇怪。谁能心平气和地接受这种情况呢？

令人头疼的年轻人拒绝向不可避免的现实低头这一问题，毫不意外地一直困扰着社会经济现状的支持者。有没有什么办法能将他们的个人抱负与工业需求统一起来？有一派倾向于延续小学的教学方式，将服从和死记硬背与个人活动，如运动、戏剧、艺术和手工等各类审美活动结合起来。这种观念有时与某种智力理论有关，该理论认为绝大多数学生缺乏从事艰巨的脑力劳动的能力，他们需要一种基于审美活动的"情感教育"。但这种观点是行不通的，它依然没有说出如何解决目的之间的冲突。幻想工人们在工厂社区中听着背景音乐，做着愉快的白日梦，一刻不停地快乐工作，这是没有用的。

更"现实"的办法，尤其在奉行平等主义的时代，是尽量给更多的学生机会，让他们在通向"好工作"的考试中竞争。通过考试制度来实现专业化是将个人目的和社会目的统一的一种方法，但这一方法仍只适合"聪明"的学生。如果几乎所有的孩子都为考试而学习，选择专修的课程，这一方法适用的范围可能会更广一些。当然，前提是那些不太受欢迎的工作还能获得它所需要的劳动力。

这正是问题所在。让更多 14—16 岁的孩子进入考试通道也许可以减少不满，但这也可能导致他们对工作的期望值过高。当然，也有解决的办法。我们可以试着引导他们去参加那些没什么用的考试，如中等教育证书（CSE）[①]考试（除非他们很幸运，能得到 CSE 的一等，因为只有一等相当于 GCE 普通水平）。这一损人的花招让学生相信他们努力学习是为了自己好，就像其他参加 GCE 普通水平（O-Level）和高级水平（A-Level）考试

[①] 20 世纪 50 年代，英国文法学校和私立学校的学生可以参加普通教育证书（GCE）普通水平（O-Level）测试，普通中学生毕业时不参加这一考试。也就是说，大约 20% 的学术能力强的中学生可以参加考试。1965 年，英国引入了中等教育证书（CSE）考试，所有学生都可以参加，通过的学生可以获得证书证明其受教育程度。CSE 分一至五五个等级，其中一等为最优秀，假如这类学生参加 GCE 普通水平考试，可能可以达到 GCE 普通水平的 A、B 或 C 等级。一般认为，CSE 不如 GCE，因为 GCE 有专门的考试委员会，是全国性的考试，通常与大学入学相关，而 CSE 是区域性的，考试分数有一部分来自学校，其可靠性常遭到质疑。1986 年以后，CSE 逐渐被普通中等教育证书（GCSE）取代。参见 https://qualifications.pearson.com/en/support/support-topics/understanding-our-qualifications/our-qualifications-explained/about-cses.html/student；https://www.politics.co.uk/reference/gcses/. ——译者注

的学生一样，而事实上，他们最终还是不得不做乏味的工作，因为当他们进入就业市场时，会发现自己不够资格。

总之，妥协的方法不能解决经济目的和以学生为中心的目的之间的分歧，它能暂时掩饰分歧，但这一分歧迟早会突显出来。这一"解决方案"的一个显著特征是，它从未挑战或帮助学生挑战现行的社会经济运作方式。即使有人努力将社会经济与以学生为中心的需求协调起来，现有的社会经济运作方式也还是被完全接受的。这种妥协方案所适用的课程设置明确体现了这一点。典型的小学课程包括基本技能、传统社会道德、"更广泛的教育前沿课程如艺术、音乐、运动、戏剧等"，但几乎没有培养孩子社会批判能力的课程。最近皇家督学（HMI）进行的英格兰初等教育调查（Her Majesty's Stationery Office，1978a）表明，总体来说，学校并没有教会孩子们如何论证观点和推理。历史和地理这两门可以帮助学生了解自身所处的工业社会的课程，教学质量尤其差。政治教育可能在被调查的学校中都极为缺乏，以致调查报告中一次都未提及。走妥协路线的中学也同样缺乏对学生社会经济理解力的培养，如汉萨德学会（Hansard Society）近期披露，中学生对政治一无所知（Stradling，1977）。[1]

有没有什么东西可以替代妥协方案呢？能否将个人福祉与经济需求用别的方式统一起来呢？能否不通过修改个人福祉的概念使其适应社会现状，而通过批判性地重新评估我们的经济需求，使其更接近个人自我实现的要求呢？我们可以从当前的现实中充分抽象出一些简单的解决方案：让机器干人不愿意干的工作，减少乏味的工作岗位的工作时间，用参与式的职场民主取代现在霸道的、要求服从的专制模式。然而，这只能说明，只有对现有社会的工作分配进行激进的改革，才能协调这两种教育目的。我们依然要面对的问题是，在当前这个社会，我们可以做什么。

通过使学生批判性地认识到现在的经济现状以及它们与个人要求之间的矛盾，我们能取得怎样的进展呢？让他们按照上文所讨论的自动化、更短的工作时间、工作场所民主化这样的思路来讨论可能的协调方法，我认为并不难。这可以使他们更清楚地认识到冲突的存在，但同时也可能意味着他们会更强烈地要求尽快实施改革。如果改革能在几年内而不是几十年内得以实施，这种调和就能尽快出现，并影响到他们自己。即使要花更长的时间，他们仍能为系统变革做一些有限的工作，如通过政治行动使这两种目的得以调和，与此同时，他们能认同生活在调和社会中的下一代人。

对这一提议有三类反对意见：它会削弱或破坏现有的经济；它对人性中的自我牺牲精神要求很高；最终调和的想法是乌托邦式的梦想。

的确，它会削弱任何现行的将劳动者当作劳动单位而非目的本身的经济制度，但这并不意味着它会使所有形式的经济制度都无法运行。没有理由将现有经济制度看作是神圣不可侵犯的。

这一提议是否对人的本性期望过高，取决于这一冲突有多剧烈。如果一个人被迫每天工作 16 小时，不得参与任何工会或其他政治活动，经常吃不饱饭，那么确实难以想象他可以做什么。但如果一个人每天工作八九个小时，可以参与政治活动，收入足以维持生计，那么在这样的社会中，两种目的更有可能调和。在一定程度上，一个人可以过自己想要的生活；如若不能，他可以将未来劳动者的福祉与自己的福祉联系起来。如果可以做到这些，未来的两种目的的调和看起来就更容易实现。当然，这在某种程度上要取决于个体的利他主义态度，尽管这里的利他主义与广义上的个人福祉一致。这可能会影响教育目的，因为利他主义是需要习得的。这一点涉及教育的道德目的，在详细了解道德目的之后，我们再来讨论这一问题。

期望个人目的和经济目的最终达到调和是乌托邦式的梦想吗？我认为这取决于个人将需求定得多高。如果个人将需求定得非常高，那么要完全达到是不太可能的，因为这意味着社会中个人福祉的需求与工作要求之间完全没有摩擦。让我们暂时只看个人福祉部分。在上一章中，我们了解到人的各种欲望之间的冲突是无法根除的。我们认为这是天性使然，我们接

67

受这一点，并通过反思想办法排列与整合这些欲望，以包纳而不是消除冲突。如果我们在个人领域都不要求消灭冲突，为什么要消除个人领域和工作领域之间的冲突呢？更现实的调和方式是，尽管存在冲突，但每个人都能自主地做出人生规划，如上一章所讲的那样。

这里的整体思路是否定"妥协"的解决方案，使经济目的从属于个人福祉的需求，从而达成调和。然而，我们是不是仍然停留在以学生为中心的目的的范围之内，这一点完全不清楚，因为至少对一些人来说，调和涉及一定程度的自我牺牲。在此我们可以顺势转向教育的道德目的的讨论。

道德目的和以学生为中心的目的

导言

事实上，几乎每个人都反对纯粹以学生为中心的教育，反对的第二个原因是它没有考虑学生的道德义务。如果教育者只以增进学生的福祉为目的，那么学生在成长过程中就可能会认为自己的福祉是最重要的。就我们目前所说的看来，他可能会成为一个彻头彻尾的非道德主义者，缺乏对道德义务的理解，或者缺乏履行道德义务的意愿。事实上，每个人都会赞同教育应该在一定程度上让学生学会体察他人的权利和利益，愿意遵守诺言，不撒谎，不伤害他人，帮助有困难的人。一旦我们开始以比这更牢固的方式确定道德的内容，问题就出现了，因为人们对道德包括或不包括什么的意见非常不一致。但就目前而言，很少有人会反对上述对道德的最低限度的描述，我们可以暂且接受这一描述。

在此我要声明一点，在本书中，我理所当然地认为把孩子培养成一个彻底的非道德主义者是完全不可取的。至于学生为什么要有道德感，我们无法为他提供强有力的理由。我们或许可以教育他，如果他没有道德感，别人的利益就会受到损害。但除非他关心别人的利益，否则这些教诲很可能又是耳边风。许多哲学家认为，非道德主义是不理性的，任何理性的人都向往美德。在我看来，理性的非道德主义是合乎逻辑的。[2] 如果有人反对本章和下一章的观点，认为非道德主义者无须理会这些观点，我也无话可说。就像我所说的，我只是理所当然地认为我的读者和我一样，希望学生在成长过程中不仅关心自己和自己的规划，也关心他人。

现在我们面临两个问题。第一，鉴于上述巨大差异，教育者应该有什么样的总的道德目的呢？人们经常指责教育者将自己的主观道德信念强加于学生，有没有一个客观的立场能避免这种指责呢？第二，怎样把道德目的和以学生为中心的目的及经济目的联系起来呢？

通过对问题二的讨论，我们可以更清楚地了解问题一。我将从道德目的与以学生为中心的目的之间的关系开始。

从上一章我们可以看出，尽管道德目的没有被忽视，但在教育理论和教育实践中，以学生为中心的目的往往都占主导地位。

为什么以学生为中心的目的会在教育理论中占主导地位呢？理论家们认为以学生为中心的目的和道德目的之间存在何种关系呢？在基于生物学的"进步主义"理论和反进步主义理论间存在一个主题，那就是道德发展[3]是个人发展的一部分。在进步主义理论中，道德发展蕴含在本能理论之中。我们生来就具有各种本能，如探索世界、玩耍、建设等。在这些本能中，还有社会和交际的本能。教育的目的是充分滋养这些本能，包括社会本能。在进步主义的批评者中，一些最有影响力的人认为教育的核心是使学生掌握不同类型的知识或"理解方式"。我们并非生来就具有审美理解力、数学理解力、哲学或科学理解力等等，这些都是文化的产物，我们必须被有意识地引入其中。道德理解力是这些理解力中的一种。教育的中心目的就是教会学生各种类型的理解力，包括道德理解力。

综上所述，这两种理论都认为道德学习或道德发展与其他要素类型一样，只不过是个人整体发展中的一个要素。

那道德目的和以学生为中心的目的又有什么联系呢？我们又回到了最初的问题。鉴于对个人利益的渴望与对他人的义务两者往往相悖这一大家熟知的事实，道德学习（或发展）如何能成为自我导向的个人整体发展的一部分呢？

进步主义者倾向于通过否认这里存在任何真正的冲突来解决问题：人们会逐渐认识到个人利益与集体利益是一致的，所以，针对个人的教育同时也是谋求共同利益的教育。比如，T. P. 能认为，"随着学生道德洞察力的不断加深，他开始认识到，尽管道德活动的目的总是个人利益，但只有个人利益与普遍利益一致时，个人利益才能实现"（Nunn，1920，p.244）。在这一理论中，无须特别强调道德目的，因为它已经包括在培养个性这一主要目的之中了。

稍后我将回到这一解决方案。

将教育理论建立在"理解方式"上的非进步主义者是怎样将道德目的和以学生为中心的目的关联起来的呢？总的回答是：他们关联得并不好。这体现在不同的方面。

有时候，如在赫斯特（P. H. Hirst）的理论中，道德理解力被当作"自由教育"（liberal education①）所要培养的六种或七种理解力中的一种（Hirst，1965）。"自由教育"并非教育的全部，它只是教育的一个核心部分，关注知识本身。赫斯特认为，教育可以包括其他东西，如体育或（这是要点）道德品格（moral character）的形成。所以，道德目的有两种：增进道德理解力本身以及道德品格的形成。第二种道德目的包括道德品质（moral dispositions）的培养，也就是说，道德品格的形成不仅仅是智力问题。很显然，有道德的人肯定有这些道德品质。如果有的话，那么他不仅仅从理论上对道德规范、原则或美德的本质有所了解，还习惯性地遵循这

---

① "liberal education"有多种译法，如自由教育、人文教育、通识教育、博雅教育等，本书采用自由教育这一译法。——译者注

些规范与原则，并且他确确实实有这些美德。在这一背景下，接受"自由教育"的人不一定就是有道德的人。他对道德的兴趣可能仅停留在理论层面。那么问题来了：如何将理论上增进道德理解力的目的与培养高尚道德品质的目的联系起来呢？对于这一问题，建立在理解方式之上的自由教育理论未给出任何答案，因为发生在"自由教育"之外的那部分"教育"中的事，也不在这一理论所探讨的范围之内。

我一直假定理解方式理论是"以学生为中心"的，为了智力本身而发展智力对学生是有利的。理解方式理论更明确地强调以学生为中心，它认为理解方式对个体自主是必要的。迪尔登（R. F. Dearden）支持这一观点，并且他没有忽视道德学习的品质方面。迪尔登在《初等教育哲学》（*Philosophy of Primary Education*）一书中花了一个章节的大部分篇幅来阐释这个问题（Dearden, 1968），但他仍面临一个问题，即如何把以学生为中心的主要目的，即个体自主，与这一道德目的联系起来。这一道德目的并未包含在个体自主之中，之前说过，这一道德目的只包括理解力。可以肯定的是，一个个体自主的人必然具有道德理解力，但我们无法保证他会将这种理解力用于追求美德。如果他很精明，他可能确实会利用这种理解力来深化以自我为中心的规划：通过了解真正具有道德感的人的动机以及他们对道德问题的看法，来操纵他们为自己谋取利益。我应该再次强调，迪尔登认为教育应该做得比这好，教育还应该培养道德品质。但这里的核心是，他关于个体自主的理论建立在理解方式之上，而这一建议并非源于这种理论，因此以学生为中心的目的如何与道德目的联系起来的问题还是没有解决。我们不知道以学生为中心的目的和道德目的相比是更重要，同等重要，还是不那么重要。这一理论对我们没有帮助。

第三种非进步主义的观点出现在唐尼等人（Downie et al., 1974）的著作中，他们的问题更严重。他们将"受教育"仅仅定义为知识的获得（这并非赫斯特所说的"知识或理解方式"），而他们所定义的"道德教育"常被认为既包括品格形成又包括更纯粹的智力成就，这样一来便造成了用词上的矛盾。和迪尔登一样，这些作者显然对道德目的本身还是比较重视的，他们的书中有一部分专门论述了人们所熟知的"道德教育"（Dearden，1968，p.82）。但是，他们也同样没有注意到这种不一致，这就意味着他们回避了道德目的和以学生为中心的目的哪个更重要这一关键问题。

苏格拉底曾说过，知善即从善，也就是说，对道德的理解会让我们具有按道德行事的品质。理论上，所有这些非进步主义者都可以这样论证，但没有人准备这样做。如果这样做的话，这三种理论都可以将包括道德品质的道德目的纳入其理论体系。

这三种理论都没有选择这样做并不奇怪。虽然一般情况下，比如一个人知道不应该对他人不友好，他往往就无意对他人不友好，但事情并不总是这样的。他也许会因为缺乏足够的意志力，不能坚持他认为正确的原则；或者如前所述，他也许会利用他的道德知识做坏事。

这三种非进步主义理论强调与学生个人福祉相关的目的：个人自主及智力发展。确切说来，道德目的（此后我会用道德目的这一术语来表示美德的形成）既不处于从属地位，也没有被忽略。但是在这些理论中，至少它不享有像以学生为中心的目的那样的中心地位。由于进步主义者也一直强调以学生为中心的目的，并且通过将个人利益与共同利益相统一的学说将道德目的包括进来，我们可以看到，这两种有影响力的教育思想流派的共同之处在于，它们都没有将道德目的放在中心地位。

这两种思想流派都影响了教育实践。在上一章，我们已经看到以学生为中心的教育目的在理论家中，在家长和教师中具有怎样的统治地位。为什么会出现这种情况？这是人们非常感兴趣的历史或社会问题，有的教育社会学家开始关注这一问题（Hargreaves，1980）。通过师资培训机构等方式宣传的以学生为中心的教育理论帮助推动了以学生为中心的教育实践，这一点毋庸置疑。但教育理论在多大程度上是一种独立的影响是另一个问题。也许教育理论和其他因素，如支持以学生为中心的家长施加压力，共同推动了学校进一步朝这一方向发展。但也许以学生为中心的教育理论仅仅是社会生活中现存的个人主义倾向的一种反映,也就是说,这种理论只不过是将已经发生的事情合理化了。当然,理论家们强调和淡化的方面与许多不懂教育理论的家长差不多。家长希望学校全力教育自己的孩子,让孩子有能力找到一份好工作,有效利用闲暇时间,等等,同时,将孩子培养成社会中体面的一员(这一点也并不完全处于从属地位,也不能说被忽略了)。

共同利益

尽管这些有关教育理论的影响形成的原因的推测相当有趣,我必须把它们放在一旁,回到以学生为中心的目的与道德目的应该如何关联的问题上来。

一个极其幼稚的回答是,如果负责教育某一孩子的父母和教师只关注这个孩子的利益,那么在理想情况下,如果每个孩子都以这种方式接受教育,那么每个孩子的利益都会得到促进。因此可以说,作为一个整体的教育系统,包括学校和家庭,不仅考虑到了某一个孩子的福祉,而且考虑到了所有其他孩子的福祉。

这一回答的问题在于,这种做法可能会产生一个由完全以自我为中心的人组成的社会,这一点在理论分析中比在实践中更明显。如果每个学生受到的教育都以个人福祉为目的,他是不是很可能会将个人福祉看得极其重要呢?

如前所述,很少有人愿意克服一切困难,坚持纯粹以学生为中心的立场。大多数提倡以学生为中心的教育目的者都希望给"道德教育"一席之地,以降低极度自我的可能性。他们会主张只有教育系统来关注他人的利益是不够的,学生本人也必须关注他人利益,至少要在一定程度上关注他

73

人利益。

第二个很不一样的回答我们已经在进步主义里接触过了：我们依然可以完全专注于以学生为中心的目的，因为学生的利益与共同利益或普遍利益是一致的。根据这一观点，越是每个学生都追求个人利益，就越有可能出现一个完全以自我为中心的社会这样的风险是不存在的，因为追求个人利益就是追求集体利益。（同时，我们也可以将目的反过来说，学生应该只为了共同利益而努力，因为这种显然的"自我牺牲"正是真正的自我实现。所以这一目的不仅与高度个人主义的教育形式一致，也与高度集体主义的教育形式一致，因为这两者归根结底是一回事。）

这一理论提供了一个解决问题的巧妙方法，而且特别受宗教教育家欢迎，这些宗教教育家相信个人的利益与上帝创造的整体福祉一致。这一理论首先通过 1870 年与第一次世界大战期间盛行的英国唯心主义哲学对英国教育产生了影响，后来则通过我们在前面已经提到过的 T. P. 能的教育理论影响了英国的教育（Gordon and White，1979）。

这种理论正确吗？

如果它是正确的，那么它就必须处理通常被人们认为是个人福祉与他人福祉之间的冲突的问题。假如船只失事后，最后一艘救生船里只有一个位置了，而船上最后两个人都想要那个位置。看起来得到这个位置对他们两人都有利，但如果一个人得到了，另一个就一定会被淹死。这里的共同利益在哪儿呢？

这个例子只牵涉到两个人，并且这种情况并不常见。下面举一个更贴切的例子。在工业化社会，人们使用的资源占世界资源的比重很大，且这种生活方式可以说是工业化社会人民福祉的一部分，但在很多欠发达地区，人民还生活在贫困线以下。根据共同利益理论，个人福祉层面不存在真正的冲突。如果是这样的话，那么不得不说，和救生船那个例子一样，冲突只是表面的，我们不假思索认定的个体利益通常并非他个人的利益。如果我们真的知道这种利益是什么，我们就会发现它与共同利益是一致的。

74

这种理解可行吗？我们要记住，我们现在谈论的共同利益不是指工具意义上的共同利益，比如下水道、军队、道路等符合所有人利益的东西，而是具有内在价值的东西。有这样的东西吗？它会是什么呢？

我们可能可以使用第 3 章中对"一群个体的福祉"的定义。但如果这种福祉不是某种超越个人的福祉，而是群体中所有成员的福祉之和，便会出现一个问题。如上句所言，对每个成员而言，他似乎能把自己的福祉与共同利益，即所有成员福祉的总和区分开来，所以看起来部分似乎必须与整体相同。

这难道不可能吗？以一个典型家庭的情形为例，父母相互关心，同时关心自己的孩子。对他们而言，这个家庭中其他成员的福祉都同自己的福祉紧紧联系在一起，当其他人的福祉减少时，他自己的福祉也相应减少。因此，个人的利益可以扩展，将他人的利益也包含在自己的利益之中。如果其他人也这么做的话，便会产生一种共享的，或者说共同的福祉。

但这种自我扩展可以发生的事实并不意味着它必须发生，所以，个体利益不一定完全等同于共享的利益，因为一个人可能不喜欢与人交往。从教育的角度来看，这一点很重要，因为我们仍没有理由认为通过纯粹以学生为中心的目的，就一定能够增进更为广泛的福祉。

这一理由能不能建立在人的社会性之上呢？我们有充分的理由认为，个体不是以某种形式（何种形式呢？）构成一个社会的原子化实体，从本质上来说，人是一种社会性存在。通过对人类这种动物的观察就可以从经验上得出这一结论，但也可以通过演绎的方式进行论证，通过对概念系统的本质特征进行反思来论证。不管人是什么，只要人是概念的使用者，只要概念的学习要求人懂得概念运用的社会标准，人就必须是社会的成员。对这一论题进行进一步阐释或讨论之前，我们必须弄清它和共同利益的论题有什么关系：如果一个人不可能是一个原子化实体，那么一个与他人没有任何联系的完全私人的个体，怎么可能获得一种完全属于他自己的福祉呢？既然他是一个社会化的个体，他的利益不就必须超越他自身的边界，

75

包含那些与他有联系的其他人的福祉吗？

对于这一点，有一个强有力的反对理由。概念系统的主体间性最多只能表明，要成为一个个体，人就必须在社会中成长。从这一点我们推不出一个人成为个体之后便不可能成为极度以自我为中心的利己主义者。当然，这样的利己主义者总是会误解自己的利益，认为利益存在于以自我为中心的事情中，而事实上利益存在于他处。但重要的是，个体利益可能存在于利己主义者认为它存在的地方，我们得不出社会化的个体所追求的个体利益一定是共同利益这一结论，除非进行循环论证。

但可能有人会争论说，反社会的利己主义者一定是例外。没错，没有集体生活就没有个体现在的样子，但人的社会性远远不止于此。如果每个人都是反社会的利己主义者，那么人性根本不可能存在。通常情况是，个体重视他们同社会之间的联系，因为社会造就了他们。那么一般来说，他们一定会尽力提升社会的福祉，而不会全力关注他们所认为的私人的、非社会的个人福祉。

这种思路存在许多问题，但与我们最相关的问题是，就算承认反社会个体一定是例外，也没有证明一般个体的福祉一定要同社会的福祉一致，或者说社会福祉一定是一种共同福祉。因为他对社会普遍福祉的兴趣可能只是反映了他必须承担的道德义务，作为一个道德主体，他有责任考虑所有人的利益，而不仅仅是自己的利益。如果是这样的话，他对自身利益的追求可能直接同他的道德责任相抵触，所以，个人利益与普遍利益之间不存在必然的一致性。普遍利益也不一定是共同利益，如果道德感要求他考虑所有人的利益，那么这种利益仍可能分散为社会不同成员的独立的个体利益。

有关人类社会本性的论证结果似乎是，这一论证太弱，不能表明共同利益存在的必然性。宗教观点会不会更有说服力呢？宗教观点声称，个体的福祉现在已等同于一种更大的利益——上帝创造的宇宙的整体福祉或上帝本身的福祉。不管是哪一种福祉，这种共同利益理论显然假定了上帝的存在，而且假定了更大的神圣利益的存在。只有极其顽固不化的人才有可能坚持认为这些前提有充分的根据，让教育者有理由将一套以此为前提条件的目的强加给孩子们，促使孩子们相信他们自己的福祉存在于这种更大的利益之中。自己相信是一回事，但用或不用一大堆"理由"向别人反复灌输完全是另外一回事。有这种宗教理念的教育者应当良心不安。如果他们错了——人类利益不在于实现神秘的神圣旨意，而在于被文化所拓展的人类"动物"欲望的满足（这一点我们在第 3 章中讨论过），那会有什么后果呢？在学生利益问题上，他们也许一辈子都在误导学生，这可不是小错误。不管怎样，学生要如何认识这种神秘的、更大的利益呢？他们通过什么来指导自己的生活呢？他们是否只需有信仰，信任权威的智慧就好呢？对于教师来说，当教师开始怀疑自己的所作所为是否正确的时候，是否也可以依赖信仰呢？许多宗教人士会给出肯定的回答，但这样的做法确实很奇怪。当一个人对他所相信的东西的疑虑加深时，他就有越来越多的理由放弃自己的信仰，而不会在反对声中更狂热地坚持它。

我意识到这对许多有宗教信仰的人起不了任何作用。有人可能会说："理性有什么用？所有这些只是在反对宗教信仰的优越性。"这些争论和反驳可能会一直持续下去。但我建议就此打住，事实上，有关共同利益的宗教观点建立在太多可疑的假定上，如果要引导学生接受它，那么除了极其缺乏理性的笃信宗教的教育工作者，谁都不会愿意把这些观念整合到他们的教育蓝图及其目的之中。

如果不能证明个体利益和共同利益是一致的，那么以学生为中心的教育目的和道德目的之间还可能存在什么关系呢？这绝不仅仅是一个学术问题。大多数学校（如果不是所有学校的话）里都不同程度地存在这两种教育目的，学生们受这两种教育目的的指导；如果他们的教师对于二者之间的联系没有明确的认识，学生又怎么可能完全弄明白呢？如果一个 14 岁学生百分之九十的时间都用来学习中等教育证书（CSE）和普通教育证书（GCE）课程，上这些课程最明显的理由就是增加找到"好工作"或接受高等教育的机会，那么他对学校的道德课程或以不那么正式的方式进行的道德教育会采取什么态度呢？为自我发展而向上奋斗或者同时兼顾自己和他人的需要，这两者对于他来说哪个更重要呢？如果他在学校里的大部分时间都在学习校方规定的旨在促进自我发展的课程，如果教师和父母都希望他"提高自我"，那么他最终是否很有可能走向自我中心主义的道路呢？然而，学校依然告诉他道德义务很重要，甚至是最重要的。他怎么才能协调这两种相互矛盾的要求呢？有几种可能的结果。他可能会选择一种降低了要求的道德，尽可能地把这种道德与以自我为中心的抱负协调起来。如果他能够将这些抱负用一种道德的形式表现出来，事情就会变得容易许多。譬如说，他决心从事演艺事业，那么他可以将其看作是对公众有益的。但只要做不到完全的调和，他就一直会有紧张感。在其他情况下，个体可能会将两部分结合起来，一部分是学校教育中的道德要求，另一部分是以自我为中心的压力，但是没有意识到这两者不相容。这也许可以避免心理压力，但也可能导致福斯特（E. M. Forster）的小说《霍华德庄园》（Howard's End）中威尔科克斯（H. Wilcox）身上的那种人格缺陷——威尔科克斯无法将他不同的动机和态度联系起来，也没有意识到它们之间的矛盾。消除紧张感的第三种方法可能是为了道德教育要求的利他主义的职责，决定牺牲所有的个人抱负。但这样做似乎有些孤注一掷。为了避免个人压力而选择道德的做法是否真的符合道德标准呢？一个人能否把个人中心主义的目的从生活中彻底排除呢？

有关学生们怎样处理这种紧张感的实证研究应该会很有趣。但我们还是要回到我们主要的问题上来：在帮助学生处理这些问题方面应给予教师什么样的指导呢？怎样调和这两种教育目的呢？

最低限度道德观（the minimalist view）

我刚才说过，学生可以选择一种"降低了要求的"道德标准，使之与他的个人抱负相一致。在任何情况下，这也许都是最合理的做法，因为学校在制定道德规范时往往可能太过严格。学校大会中的圣人的故事或有关世界上贫困地区的新闻可能会使一些学生认为，如果他们真要成为善良的人，他们应该为了他人而彻底牺牲自己的幸福。各种形式的基督教和建立在实用主义或康德（I. Kant）哲学原理基础之上的世俗伦理道德一样，都赞同这一点，而基督教对学校道德风貌的影响很大，它完全有可能强化这一反应。但在这种正式的、非常严格的观念背后，往往有一种对道德生活更为随意、更为"现实"的理解。这种理解从更为广泛的社会渗进学校，并且在不同程度上引导学生和员工的行为，不管他们在口头上怎么应对官方要求。如果学校能摆脱这种双重标准，提倡与以学生为中心的教育目的紧密联系在一起的更现实的道德规范，那就更诚实，很可能有助于减少思想上的混乱。

因此，至少有人会争辩，这种现实的道德包含什么内容？我们有什么理由来提倡它呢？

大致可以这么说。对于每个人来说，他自己的福祉是他生命中最重要的东西。如果有普遍接受的道德准则为人们提供安全保障，让人们可以在此范围内追求自己的目的，也就是说，无须常常担心会受到人身伤害、欺骗、欺凌或奚落等等，这对每个人都有好处。除非人们普遍遵守诺言，容忍他人的意见，在同他人打交道时公平对待，否则所有人的生活都会变得无法忍受。

这种道德理论的一个逻辑推论是，对个人的道德要求应该保持在最低限度。这样的道德要求越是侵占个人的时间和注意力，个人就越没有机会追求自身的利益。显然，这样的道德要求绝不能减少到零，但理想社会应尽量使其不令人厌烦。如果对于个人的道德要求主要用否定的形式来表达——不伤害他人、不欺骗他人、不把自己的意志强加于他人等等，那么人们对这种要求的厌烦情绪便能降到最低。这类用否定形式表达的义务不需要花费时间和个人资源去完成，因此，履行这些义务不会阻碍我们个人抱负的实现。主动行善的义务则截然不同。行善确实花费时间，而且常常有物质成本。人们在帮助他人实现目标方面做的事情越多，供自己使用的时间、（很可能还有）金钱等就越少，这里存在着一个非常真实的冲突。因此，人们会希望当前讨论的道德理论能淡化主动行善的义务。在理想社会中，每个人都不需要他人的帮助，完全有能力自立。当然，在有些情况下人们可能无法自救，需要有人来履行行善的义务，但社会政策应该使这种情况尽可能少地发生。

我在此简述的这种最低限度的道德观，被公认为当代政治的几种主要理论的决定因素之一，尽管它的拥护者坚持的并不都是这里所阐述的纯粹形式的观点。最低限度道德观对教育系统的影响尤其大，它为教育实践提供了依据，使其能在确保学生获得最低限度的道德品质的同时，以学生的福祉为主要目的。

在这种教育观念中，我们找到了一种可能的答案，用以回答如何把以学生为导向的目的和以道德为导向的目的联系起来的问题。对于许多人而言，这似乎是唯一合理的答案：在最低限度道德准则所允许的范围内，应该鼓励个人为实现自身目的而生活，而学校应当使学生适应这种个人主义占支配地位的社会。

这个答案反映了一种关于如何生活的普遍信念。值得注意的是，一旦满足了最低限度的道德要求，这里所提倡的便不是那种彻头彻尾的利己主义。这里也不是说在自身目的范围之内，一个人应该只为自己而活。事实上，如果真的如此，反而很反常。正如我们讨论共同利益理论时所看到的，人们可以将福祉的概念推及家人或朋友；人作为社会性生物，在一般情况下也应该这样做。如果有人出于某种原因没有这么做，也只好由他去。如果一个人履行了自己的道德义务，他就能单独在一个岛上生活，这里的"岛"可以理解为一座真正的岛，也可以是一种比喻，但这样的人可能很罕见。

因此，不管我前面说了什么，最低限度的道德都并未试图将所有善行减少至最低限度，它真正减少的是行善的道德义务。一个人可以按自己的意愿去关心朋友和亲戚的福祉，此时，行善是自由的而不是被强迫的，是出于自身欲望的满足。

尽管最低限度的道德不是狭隘的利己主义观点，但它确实声称要对自身利益在人类生活中的地位采取现实的态度。基督教或世俗道德将所有着重点放在博爱之上，对人性的考虑太少。一般人没有能力做到如此无私，我们生来就把自己置于万物的中心。圣人可能不同，但圣人很少见。原则上，教育有助于把我们都变成圣人，但我们知道这必须以损害人性为代价。经过洗脑，我们都可以变成利他主义者，但代价是什么呢？给别人洗脑的人有什么权利改变我们的本性呢？

这就是最低限度的道德。它是适合资本主义社会的道德观，信奉在基本道德准则的范围内追逐私人利润，也支持将以学生为中心的教育目的放在重要地位。它合情合理，没有超出人性的要求，而且它很灵活，允许人们按照自己的意愿去关心别人的利益。

但这样是否行得通呢？

道德义务的范围有多广，这一点还不清楚。像遵守诺言、不伤害他人、讲实话这样的准则是没有问题的，在任何说得过去的社会生活之中，这些准则显然都是必需的，无论哪种最低限度的道德规范都必须将其包括在内。（和其他道德准则一样，我们没有必要坚持在任何情况下都要信守诺言、说实话等等。我相信，每条道德准则都只具有表面上的强制性，也就是说，根据实际情况，任何更重要的道德准则都能够凌驾于它之上。）那么行善呢？尽管限制了行善的范围，但我们并没有把它排除在道德义务之外。我们应当把它限制在怎样的范围之内呢？最低限度的道德观在这方面所允许的最低限度是什么呢？

今天早上，我看了一份 1856 年的《泰晤士报》。几位富人登广告招聘各类仆人，每年付 10 英镑或 15 英镑，包伙食。从另一页的"求职待聘"可明显看出许多人想得到这样的工作。如果一个雇主认为少于 40 英镑或 50 英镑就不能过体面的日子，因而每年付给仆人 40 英镑或 50 英镑，那么其他雇主很可能会认为他疯了，或者认为他是天生的圣人。但他真的是圣人吗？或者说，从一个世纪后我们所处的有利的角度来看，我们能说他所做的只是人们从道义上期待他应该做的事吗？

当涉及主动促进他人福祉时，最低限度道德主义者怎样划定界限呢？我们是不是应该做社会惯例所接受的事呢？但今天的惯例明天可能就变得不可接受了。这样的话，一个人所做的会不会比他应当做的少呢？还有，一个时代的标准又有什么样的特殊权威呢？

道德家能否在不过分重视社会习俗的期望的情况下，理性地确定最低限度的义务的范围呢？如果他看到一个小孩被一辆路过的汽车撞倒，他应该去帮助这个小孩吗？社会习俗和"普遍的人性"都会做出肯定回答。如果一个饥饿的人向他走来，向他要钱买一块面包，他应该拒绝吗？这种事情在我们今天的社会里不会发生，因此社会习俗没有就此发表意见。但是如果这种事真的发生了，只有道德怪物才会怂恿他对此置之不理。那么，对于海外的许多饥民，他又该怎么做呢？他有没有最低限度的义务去帮助他们，如通过自愿捐助或通过投票要求政府代表他们采取行动呢？

如果答案是否定的，那么是什么使得这种情况同街上挨饿的人的情况不同呢？关键在于有没有直面他人的不幸吗？但为什么这应该与最低限度的道德相关呢？当然，让一个挨饿的人死在自家门前，比让数千不认识的人死在非洲更难逃脱道德谴责。但是把这一因素作为区别的理由，就表明一个人真正关心的毕竟不是道德义务，而是处事谨慎小心。人们对维护自己的道德声誉比做道义上正确的事更感兴趣。更广泛地说，如果我们对世界上的饥饿问题不承担任何道德义务，那么行善的义务该在何处终止呢？问题在于，无论人们说它终止于何处，是将范围界定为仅有面对面接触的人，还是本国的人，或是亲戚朋友，或是同一种族的人，或者其他任何人，都有武断之嫌。解决这一问题的一种较为可靠的方法是否认存在任何道德上的行善义务。他是否行善，以何种方式行善，都是他自己个人的事。也许他是那种爱社交的人，可能自然地对别人的幸福感兴趣，不仅包括家人和朋友的幸福，有时还包括诸如上面所提到的那个挨饿者和受伤的男孩这样的陌生人的幸福，他们的不幸使他产生同情心，并且为他们采取相应的行动。对离他较远的苦难，他可能会也可能不会产生同情心。如果他同情那些人，他完全可以采取行动；如果他不同情那些人，他也不会受到责难。这种思路可以把行善的义务从道德中去掉，把道德缩小至信守诺言、讲真话、诚实、不伤人、不杀人等这样的范畴。这样一来，问题就变成了：为什么要将道德限制在这个范畴，而不是将其建立在行善的基础上？如果我们将关心他人幸福的义务从道德中剔除，我们所谈论的是否还算得上是道德呢？如何区分信奉这种观点的人和纯粹的利己主义者呢？有道德的人是否不同于利己主义者，哪怕信守诺言这类事情对自己不利，也会照做不误呢？但是他为什么要信守诺言呢？如果他这样做是出于对他人的关心，他就是在遵循行善的某种道德原则。但是这不能成为这种情况的理由，因为现在我们正把行善的原则排除在道德之外。如果他这样做不是出于自身利益，那他为什么要这样做呢？如果他没有任何理由，那么他这样做就是非理性的。

　　稍后我将回到道德动机这种一般性的问题上来。到目前为止，我一直在研究人们没有道德义务帮助解决世界上的饥饿问题这一观点。如果被问到这个问题的话，我不知道有多少最低限度道德主义者会支持这种观点，但我猜想他们中的许多人（如果不是大多数的话）在这种情况下会承担一些道德责任。假如最低限度道德主义者接受了这种责任，那么这种责任低到什么程度呢？他应该给予别人多大程度的帮助？辛格（P. Singer）

82

建议生活在富裕国家的人应当把除他们基本需要以外的所有收入捐出来（Singer，1979）。这样对吗？最低限度道德主义者很难同意这一建议。他可能愿意从他的所得税中掏出几便士给援助项目，也许会再掏几便士扔进牛津饥荒救济委员会（Oxfam）的募捐箱，但一年掏出几百甚至几千英镑是不可能的。伟大的道德义举是道德英雄干的，普通人办不到。那么要在哪划出分界线呢？为什么要划在那呢？为什么牺牲几便士可以接受，牺牲几百英镑却不行呢？一种可能的回答是，几便士不足以影响一个人的钱包，而当每个人都掏出几便士，这在国家预算中便成为一大笔钱，足以使其他人觉得这个人或这个人所在的国家正在为世界上的穷人做道义上正确的事。如果这是理由，那也是出于小心谨慎的为了自己的考虑，而不是出于道德感。但是，如果停留在道德范畴内，最低限度道德主义者仍然必须说出他行善的范围是什么，如果行善不能达到辛格的严格要求，他的行善为什么要在这一点而不在那一点终止或变弱？他能给出一种不是在骨子里为自私自利辩护的非武断的回答吗？他在仍然坚持自己的利益应当处于中心地位这一基本信念的同时，能在多大程度上接受利他主义？这一信念是最低限度道德观的基本，一定会不断地将他引向限制性。但最低限度道德主义者要怎样证明限制道德范畴是合理的呢？正如我们所看到的，他可能用自身利益来证明自己的观点，但这样一来，行善就不再是道德准则了。如果他在证明自己观点的正当性的过程中，不仅提到他自己的利益，还提到其他人的利益，那为什么在这里要这样做，在那里又不这样做呢？为什么这些人值得援助，而那些人不值得援助呢？怎样才能避免武断呢？

我在上文中提到了道德动机这一更广泛的话题，它不仅适用于行善，也适用于最低限度道德主义者的整体道德。为什么他认为自己应当信守诺言，避免伤害他人，同时还要乐善好施呢？总的来说，他认为道德准则为社会提供必要条件，使社会中的每个人都有最大限度的自由去做自己的事。尽管这给出了一个理由，让最低限度道德主义者坚持这些准则大体要得到遵守，但这并不足以表明为什么每个人都必须要遵守这些准则。如果有些人走捷径不遵守这些准则，也不会对整个社会有太大的影响，人们所期望的那种社会仍然可以实现。有没有理由证明为什么他不应该走捷径或搭便车呢？假设他已经许下了一个诺言，然后发现遵守这个诺言很麻烦，他有什么好的理由去信守诺言吗？他已经从自身利益的角度，论证了道德在普遍层面上的合理性。特别值得一提的是，正是出于对自身利益的考虑，道德准则才在大体上得以遵守。但如果他自己的福祉是他的根本指导原则，当涉及违背或遵守一个烦人的诺言时，为什么不遵循这一指导原则呢？可能对他有影响的一个原因是他的名誉，如果他违背诺言，将来人们就不太可能信任他，所以他有充分的理由信守诺言。这是出于谨慎的考虑，因为这再次牵涉到自身利益。但假设他可以欺骗或愚弄他人而不受到惩罚，他应该怎么做呢？例如，假设在知道自己几乎不可能被发现的情况下，他可以篡改所得税申报单为自己牟利，他是否应该欺骗英国税收署（Inland Revenue）呢？我看不出最低限度道德主义者有什么理由要诚实。个人利益是他的主要动机。只要人们普遍诚实，他所期望的那种社会就能够实现，那么他为什么不做一个搭便车的人呢？他可能确实会抵制这种诱惑，可能会用一种正直的方式坚持他的原则。但是他为什么应当这样做呢？人们应该信守诺言，应该不说谎、不偷盗，这并不是一个不言而喻的真理。如果他是理性的人，他就必须给出一个理由。但是在他自己的假设框架中，他给不出任何明显的理由。当然尽管如此，他仍可以坚持他的原则，但这样一来，他就开始显得非理性了，看起来像是在童年时代就被反复灌输不应当做这不应当做那，而自己没有思考就全盘接受的那种人。

因此，最低限度道德主义者似乎要么选择非理性的准则崇拜，要么选择投机取巧搭便车。第二种选择完全将他排除在道德范畴之外。在别人看来，他的行为似乎是合乎道德的，因为大多数时候信守诺言符合他的利益，但不管是服从道德还是违背道德，所奉行的指导原则都是他自身的利益。在骨子里，他是一个彻头彻尾的利己主义者。

在我们所生活的世界里，最低限度道德观是一种具有影响力的力量。

84

在它的影响下，出现了刚刚区分过的两种性格类型——受规则约束的以及利己主义的——的各种变体。如果想知道哪种类型更为普遍，则需进行实证研究，但是，根据个人经验便足以清楚地看到，利己主义的态度并不罕见，而且不仅仅以目前所描述的这种隐蔽的形式出现。例如，人们在逃税的时候，并不会因为要保持自己名声的清白而偷偷摸摸地进行。恰恰相反，人们会公开讨论逃税的方式，甚至吹嘘自己逃过税。英国的管道工和电工从不掩饰自己希望收现金的原因。如果你说你认为每个人都应当为所有东西报税，并且你自己也打算这样做，别人肯定觉得你是一个自命清高的人或者是个白痴。（当然，所有这些都忽略了一些人不纳税的非利己主义的原因，例如反感政府的国防开支。）在我们生活的社会里，利己主义者越来越不必伪善，越来越不必像两三代前的利己主义者那样用外在的体面包裹自己。现在人们如此普遍地承认自私的动机，以致他因公开自私的动机所失去的要比以前承认自私的动机所失去的要少。当一个人与别人的期望一致的时候，他便有了声誉；因此，如果其他人期望某人是自私的，他光明正大地自私往往比偷偷摸摸地自私更有好处。

我并不是说这种新的对道德动机的坦白直率适用于当代道德的所有领域。也许人们应当把逃税看作某种对许多人来说应从道德范畴中剔除的东西，他们可能确实讨厌不诚实，但他们只是没有看到或者不愿看到，他们填写报税单的方式也属于那一类。

我应当再次声明，我不想夸大我们社会里自私动机的程度。我没有全面的事实根据，只是记录我自己印象中许多人的一种普遍的看法。但是作为社会风气的一部分，可以预期利己主义会影响受教育者的世界观，无论是校内的还是校外的受教育者。这引出了一些问题：应该在多大程度上鼓励利己主义或者任何其他与道德有关的态度？应该在多大程度上控制它，限制它的影响？后面我会再谈到这些问题。

在我结束对最低限度道德观的讨论，并将它与本章的主题联系起来之前，让我试着进一步探究隐藏在最低限度道德观中的基本假设。这一基本假设是，对每个人来说，自己的福祉是生命中最重要的，而道德标准的最低限度框架是为了实现这一中心目的。现在假设我们要最低限度道德主义者给出做这一假设的理由："为什么你的福祉如此重要？你本可以从更利他主义的假设出发。毕竟你周围还有许多其他的人，你本可以决定将你生命的一大部分投注在他们的利益上。为什么你把自己摆在如此重要的位置呢？你有什么特别之处让你认为自己应该得到这些自我关注呢？"

这些问题背后的依据是公正原则，许多道德系统中都有这一原则，并且，一些人可能会认为任何理性的系统都应该遵循这条原则。按照公正原则，一个人不应该区别对待他人，除非有相关的理由。这一原则是最近有关种族和性别平等立法的基础，如果仅仅因为一个人是黑人或者妇女而拒绝雇用他（她），那么这种歧视的理由与所做的决定就是毫不相关的，是黑人或妇女与一个人是否适合当火车司机或教师并没有关系。[4]同样的原则也适用于最低限度道德主义者，如果你认为自己的福祉最重要，那么同其他人相比，你有什么特别之处来证明你有权单独享受特殊待遇呢？

对最低限度道德主义者来说，有两条路可走。他可以试着回答这一问题，也可以拒绝回答这一问题。首先，他会试着怎样回答这一问题呢？

他可能会争辩说自己确实有与众不同之处，比如他是一个智力上或艺术上的天才。如果他不好好呵护自己，世界将会遭受损失。照这么说，这似乎就否认了最低限度道德主义者所认为的自我处于万物之中心的假定——"世界"成了中心。类似地，如果他主张鉴于道德的全部目的在于提升所有人的福祉，如果每个人都提升自己的福祉，这种普遍福祉就会得以提升，那么，人们对自我的关注便不再是存在的终极理由。如果最低限度道德主义者无法支持提升个人福祉便是提升普遍福祉这一新的实证主义主张，而且从历史和其他证据中，也很难看出他怎么能支持这一观点，因为弱者在人人自立的社会中容易失败，那么他就会在理性上受到约束，不得不走出最低限度道德观，接受更完善的道德规范，放弃利己主义的先入之见，把普遍福祉作为出发点。

86

第三种可能的回答是他忍不住关心自己，因为他跟我们一样，天生就是如此。他的本性决定他只能做到这样，无法成为一个利他主义者。

如果这是真的话，那么这是一个强有力的论据，因为我们谈论人们应该做什么的前提条件是他们能够做到。但这是真的吗？一般经验告诉我们，有些人比另外一些人更积极主动地为别人着想。在我们的熟人中，我们很可能都会发现各种各样的从极端自私到非常无私的人。如果最低限度道德主义者倾向于自私自利，他怎么知道他不能变成利他主义者，或者通过教养做到这一点呢？如果他争辩说因为他是人，所以具有自私自利的天性，那么现有的经验似乎与他的说法不符；如果他声称尽管其他人可能是利他主义者，但他天生与众不同，这使他不可救药地成为利己主义者，那么他是怎么知道这一点的呢？他是否曾试图更关注他人一点但是失败了呢？或者他是否没有检验利己主义就将其合理化了呢？

当然，在某种意义上，即便是利他主义者，也会把自身置于事物的中心。因为如果他是上一章所描述的那种自我决定的主体，他也将根据他的人生计划而生活，坚定地追求自己的（即利他主义的）目标，不愿意转向其他事情。在某种程度上，人类可能真的是这种以自我为中心的生物。但是这跟最低限度道德主义者的论证毫无关系。因为如果最低限度道德观有所指的话，那么它意味着如果不愿意，除了最起码的关注，我们没有必要关心他人的需求。当最低限度道德主义者说人只能以自我为中心的时候，他的意思不是指人注定要自我决定，这一点或多或少可能是真的，而是指人们难免会自私自利，这似乎是没有依据的。

如果他说他并没有声称人必须总是自私的，而是说仁爱注定是有限的，那么他依然没有推进他的观点。他可能会说，很少有人只想到自己，大多数人还关心他们的家人、朋友等等，但是不能让他们把这种关心推及这个圈子之外的人，除非在像战争这样特殊的情况下。这里再说一下，最低限度道德主义者说同情心不可能超越某一点有什么依据呢？有很多证据表明事实恰恰相反。几个世纪或者更早以前，人们可能很难关心其他国家

87

甚至自己国家其他人的命运，因为对他们了解太少了。但是今天，当电视每天给我们播放欠发达地区营养不良的孩子、地区战争的受害者以及其他的劳苦大众的图像时，说我们不能扩大我们同情心的范围就毫无道理了。事实是，一旦充分展示同情心，我们就可能无限地扩展它，而且往往朝互相冲突的方向扩展；认为我们必须停留在有限的利他主义之上的观点是不正确的。（如果听从我们自然的同情心，那么我们中有的人可能无法承受其带来的巨大的矛盾的要求，出于这一点，我们收起道德号角，退回到冷漠的利己主义中去，这么说还有些道理。）

我对最低限度道德主义者道德观的讨论到此结束。我花了一些时间讨论这个问题，是因为它正在成为一种越来越普遍的观点。它不仅成为社会道德风气的一部分，而且通过当代道德哲学家的作品得到了支持和尊重。[5]当今社会资源短缺，这样一种"排兵布阵的防御型心态"很可能日益流行，不管是在不同国家之间，还是在任何一个特定国家的不同群体内，它都可能在不远的未来成为主导的道德观。

因此，在教育方面，这种道德观可能会比现在更有影响力。正如我前面说过的，最低限度道德理论如今提供了雅致的、吸引人的理由，使得教育者的教育实践能在保证学生生活在最低道德准则框架之内的同时，以增进学生福祉为主要目的。它的影响可能因为上述原因而日益扩大。

然而，我主要关心的不是将来可能发生的事情，而是试图制定一套合理的教育目的。接受最低限度道德观及由此产生的教育目的可能会有什么问题，我希望现在已经说清楚了。如果我们想找到一个更恰当的方法，把以学生为中心的目的和道德目的紧密结合起来，我们必须从另一个角度看问题。

88

普遍主义道德观（universalistic morality）

我们可以从前几段讲到的公平原则开始。一个理性的人在考虑他人的利益时，至少从表面上看，是没有理由偏袒自己而歧视别人的。因此，他有充分的理由像对待自己一样对待他人，关心他们的幸福，不赋予任何人的幸福不合理的特权地位。

我们现在得出了某种如同基督教教义般的启示，即人应当像爱自己一样爱邻居；或功利主义原则，即人应该为大家的幸福而努力，为每一个人的幸福而努力，他本人算一个但也只是一个；或康德主义的一种说法，即强调把所有的人，包括自己在内，当作目的本身。这些哲学差异很大，但在这里，它们的差异不如它们的相似之处重要：它们都主张某种形式的普世关怀。这种普遍主义道德不完全是利他主义的，利他主义指个人只为别人活着，丝毫不为自己。来自公正原则的理性压力既反对纯粹的利己主义，也反对纯粹的利他主义：一个人到底有什么特别之处，能让他对自己的利益漠不关心而只去关心别人的利益呢？如果其他条件保持不变，最理智的做法是按边沁（J. Bentham）所说的做，让每个人，包括自己，都算一个且仅算一个受益者。

这种道德观在教育界至少跟最低限度道德观一样普遍。如果从父母和教师传授的正统道德原则看，而不是从普遍的社会风气无意中造成的影响来看，普遍主义道德观可能更普遍。如果学校要将它作为教育目的的理论基础，并且希望在此基础上纳入其他目的，就必须改变现在的做法。在这一点上，最低限度道德观做得很好，普遍主义道德与此不同，它意味着许多以学生为中心的活动的地位大大降低，更多地强调课程和学校组织形式要促进更慷慨的道德观的发展。孩子们学习的许多课程可能仍然和最低限度道德观下的课程一样，但其精神却迥然不同了。例如，一位中六的学生学习数学，可能不是因为想继续上大学，找到一份轻松、高薪、受尊敬的工作，而是因为他想成为工程师，建造机器，为关系到每个人福祉的经济基础服务。在一些国家，普遍主义道德确实为一系列一致的教育目的提供了动力，至少在理论上是这样。我们应该在多大程度上希望我们的学校，以及更广泛地说，我们的教育体制，更自觉地朝这一方向发展呢？

　　普遍主义道德的一个难题在于如何界定"他人"，我们必须对他人的利益与自己的利益一视同仁。基督教说要爱自己的邻居，但是正如我们在讨论最低限度道德观时所看到的，如果我们按字面意思理解这种观点，就有武断之嫌。为什么我们只应关心住在我们附近的人？或者更广泛地说，为什么我们只应关心跟我们有面对面关系的人？没有明显理由证明道德在这一点上应该被限制。但是，似乎同样没有充分的理由证明道德主体应该只关心和他属于同一群体的人。如同他关心他所在的社群之内的人一样，他有同样多的理由关心社群之外的人的利益。那么，他必须考虑世界这个大社群的利益吗？如果是这样，就不能只包括现在活着的人，因为没有理由排除未出生的人。这样看来，学生现在和将来似乎都必须致力于提升全人类的福祉，这可能是唯一能够指导他的道德原则。但是，如此抽象的东西如何才能落实到日常行为中呢？他怎么知道从何处着手呢？当然，他总能合理地提供帮助，促成一些方法的形成。如果要有子孙后代，那么当代的人至少必须有最基本的生活必需品，这样才能抚育下一代。与他在任何时候都应促进全人类的利益这一指令相比，这可能给他提供了更具体的指令，但是这仍然特别笼统，而且现在的需要与将来的需要之间仍然存在先后问题。

　　普遍主义道德观不仅难以践行，而且与尊重个人和个人生命价值这一广泛而根深蒂固的信念背道而驰。这看起来可能很荒唐，因为普遍主义哲学力求一视同仁地关注每个人的利益。但是从普遍主义道德观力求使尽可能大的整体受益的目的可以看出，任何一个具体的个人的重要性都是微不足道的。这不仅意味着因为一个人对自身的合理关注几乎为零，所以普遍主义道德实际上跟纯粹利他主义没有什么两样，而且意味着其他个体也同样无足轻重。如果整个人类的利益是至高无上的，那么一个人怎么会在意自己亲戚朋友的命运，或实际是更大范围内的人的命运呢？如果他们的命运跟自己的命运一样，要奉献给更大的利益，那就由它去吧。

普遍主义道德被称为"空想道德"（Mackie，1977，p.129）。普遍主义道德太不实际并且是反直觉的，因此不可能作为生活的道德准则。人们可以而且确实只是口头上说说而已，他们真正的道德义务往往在其他方面。普遍主义道德被认为是伪君子的道德。它在维多利亚时期英格兰的基督教福音派中以一种形式出现，在苏联的实用主义中又以另一种形式出现，但它往往倾向于掩盖较为现实和不那么浮夸的道德态度：人们将通过行为表明，他们认为为自己或为与自己关系密切的人奋斗是正确的。有些人可能例外。狄更斯（C. Dickens）小说中的杰利比夫人（Mrs Jellyby）为西非人的精神启蒙而辛勤劳作，全然不顾她年幼的孩子跌下楼梯，衣着脏污，卡在栏杆里。但一个人只有在家庭或民族的层次上以狂热为代价，才能逃避伪善的名声。

具体道德观（concrete morality）

对普遍主义道德失败的一个反应是在摒弃其无限性的同时保留其无私精神，这导致人们试图将自己的道德生活限定在较小的社群内。历史上，如在黑格尔和英国唯心主义者的论述中，这种观点和个人利益与共同利益一致的观点相伴随（Gordon and White，1979）。个人生活在许多社群中，这些社群层层嵌套，从家庭到邻里到地方组织再到国家，最后是整个人类：在每一个社群中，个人的福祉与他人的福祉相同。我们已经了解了放弃共同利益理论的原因。然而，如果我们记得普遍主义道德的不实用性，那么使道德义务具体化的想法还是很吸引人的。我们能否构建一套具体的道德，来避开目前在其他地方遇到的困难呢？

可以设想一个新的小社群创始人正试图这样做。社群内的每个人都为所有人包括他自己的利益而工作。这样他牺牲的个人利益不仅比为全人类无限的利益而奋斗时来得少，而且由于他在一个受益者较少的小社群中，他从别人的工作中获得的好处会更多。只要最低限度道德主义者宣称人类的自我牺牲不能超过某一限度，他们的主张就是可接受的。同时，小社群中的个人又保持了普遍主义道德特有的公正性，即每个人只能把他自己算作一个人。

然而这种特别设计的社群的问题是：他们跟社群外的人是什么关系？集体利己主义现在已经成为一个明显的威胁，如果社群成员的道德目的限于他们自己的社群范围内，他们就没有理由关心外人的利益。如果只是武断地把目标局限在社群之内，他们仍然面临普遍主义道德者的挑战："你们为什么如此特殊？"

如果我们从现有的社群出发，这一挑战也同样存在。家庭这个小团体不能只为自己而活，地方群体、部落或国家也不能。

行善不能终于家庭，难道不能至少始于家庭吗？杰利比夫人的问题在于，她在全心全意关心关系远的人的同时，忽视了亲近的人。不管她是否在更大的范围内做好事，她在较小的范围内的确没有做到这一点。这表明一个人要确实保证先履行与自己及周围的人紧密相关的义务，再去履行与自己及周围的人关系较远的义务。根据这一观点，较小的团体跟较大的团体是分不开的，团体中的人不能只为自己活着。但是他们的诉求在团体成员中占优先地位：只有在他们的诉求得到满足之后，才能考虑其他团体的优先事项。

即使如此，我们也依然没有摆脱困境，后考虑其他团体的优先事项的假设表明，如果小团体的诉求得到满足，其他团体就会遭殃。例如，假设欧洲的每个家庭都确保每个成员的福祉得到最大限度的促进，这就意味着世界上贫穷的国家将变得更贫穷。难道我们不得不反其道而行之，从较大的团体的优先问题着手，从而又回到普遍主义吗？

有关具体道德观还有一个更进一步的观点。唯心主义传统认为，较小的社群嵌套在较大的社群中，有点像俄罗斯套娃。但是以这种方式来看待事物有什么好的理由吗？个体通常属于好多不同的团体，并不是所有的团体都像俄罗斯套娃一样层层嵌套。一个人的家庭和他的工作团体都是他所在国家社群的一部分，但它们之间并不存在嵌套关系；而且，他同他所在国家以外的社群的联系并不是都要通过他所在的国家来促成：例如，一个人可以是牛津饥荒救济委员会这一国际组织的成员，也可以是罗马天主教会的成员。

具体道德观的问题使得人们质疑种种教育目的，不仅包括在自给自足的小社群中生活的问题，而且包括将孩子作为从家庭到国家再超越国家等层层嵌套的社群成员来培养的唯心主义构想。

解决之道

我们仍在寻找以学生为中心的目的和道德目的之间的恰当关系。我们已经否认了几种建议：（1）学生的利益等同于他人的利益；（2）在最低限度道德义务范围内，应该将他的个人利益放在中心地位；（3）学生应该牺牲自我，为全人类的利益而工作；（4）学生应该为小社群的利益而工作，这些社群虽小，但能帮他实现个人福祉，并且这些小社群可能嵌套在大社群中，而这些大社群可将他与整个人类联系起来。

迄今为止，这些论点看来完全是破坏性的，没有任何帮助，但它们所包含的材料可以用来建构一种更令人满意的解释。

在开始之前，我想回顾一下第 3 章有关学生利益的观点。第 3 章非常强调个体自主，强调根据人生规划做出自我决定，而人生规划体现了个人如何解决各种偏好之间的冲突。在这一章对道德目的的讨论中，我目前还没有讲到有关自主性的问题，如果讲了的话，也没有讲太多。我所列出的每一个道德立场都可以被认为是非自主的，也就是说，道德主体不需要对它进行反思并把它变成自己的立场。比如，我们也许可以向学生灌输想法，让他们相信他们的利益与人类的共同利益是一致的。的确，很多孩子就是被这样培养的，他们丝毫不怀疑这种一致性。在我们的社会中，同宗教道德竞争的就是以个人为中心的最低限度道德观。我猜想，甚至会有更多的孩子开始不假思索地接受这种观点的指导原则。在世界其他地方，孩子们被要求为了大家的福祉而自我牺牲——同样，这一点也被看作毋庸置疑的公理。可见，小规模社群主义也同样容易被灌输。

对某些道德哲学家们比如康德而言，道德主体性的本质特征是自律。如果一个人认为不该偷盗，因为教师告诉他偷盗是错误的，那么这是他律而不是自主的行为。一个人要有道德地行动，则必须认真考虑自己的原则并因其内在价值而接受它。另一些哲学家质疑自律在逻辑上的必要性。其中最著名的是黑格尔，他认为，至少对大多数人而言，道德生活在于伦理，或不加思考地接受社会道德风气。

在此问题上，我已准备好接受反对事例。过去一个世纪的人类学调查表明，有的民族生活在亚自主水平，他们有自己的行为准则，将这些行为准则视为部落道德准则是再自然不过的事。如果我们坚持社会中的道德主体需经受反思的考验，那么他们的人数可能会比我们想象的还要少。但这一问题从根本上来说只是一个概念的问题，目前我对此兴趣不大，我更关注如何将道德目的和以学生为中心的目的联系起来。

尽管自主性可能并非任何道德观的必要组成部分，但在我们生活的复杂社会中，我们有充分的理由将其纳入教育的道德目的。我之所以这样认为，是因为与更简单、更仪式化而且更缺少自我意识的社会相比，在我们这样的社会中，道德冲突更突出。冲突会以不同方式出现。在特定情况下，不同的道德准则会催生不同的行为方式：一个医生知道自己的病人得了不能治愈的癌症，他可能陷入进退两难的境地，说真话会使病人痛苦，要减少病人的痛苦则必须说谎。不仅有道德准则的冲突，还有利益的冲突：比如，当我问自己是应该把多余的收入用在自己身上，还是用来周济亲戚或救济灾民时，或者当医生必须在救母亲还是救孩子之间做出选择时，冲突就会产生。在这样的矛盾情况下，道德主体不能仅仅坚持社会中已有的道德准则，因为这些准则并没有告诉他该怎么办。他必须上升到反思的层次，这需要他厘清在实际情况中，道德准则是什么，事实是什么，这些都与他最终必须做出的决策相关。此时，决策是无法逃避的。在一定范围之外，没有道德准则引导他，他将不得不权衡各种行为方式，认真考虑各种相关因素，最终做出选择。

冲突不会在一个人道德生活的每一处都出现。实际情况远非如此。大多数时候人们知道自己应该做什么。在这些情况下，自主的道德主体不必处处反思，因为他已经培养了讲真话、遵守诺言、避免恶意等基本品质，做这些事对他而言已成了第二本能。但在很多时候，事情并非如此清晰明了，他不得不权衡不同的诉求或义务。这些情况可能发生在个人事物层次上，例如，当他同其他人面对面打交道的时候；也可能发生在更高的层次上，例如当他作为一个公民来判断政府应当把更多的钱花在国防上还是花在社会服务上的时候。

因此，学生的道德自主性是我们想要的，因为冲突必然是他道德生活的一个特征。这一论点同第 3 章中所讨论的个人自主性是类似的。在第 3 章中，自主者不可避免地面临着不同意愿之间的冲突。二者的区别在于，第 3 章中的冲突存在于与他的总体福祉相关的各种偏好之间；而在这里的道德自主问题上，冲突存在于道德准则之间或不同群体的利益之间，关系到他能否过上道德高尚的生活。在这两种情况中，自主的主体都试图在集成的信念体系中解决冲突：在个人层面是在统一的人生规划中，在道德层面是在前后一致的道德规范和原则的框架中。在这两种情况下，主体都需要有意识地认真思考指导着自己的系统，尽量确保该系统是一致的而不是模棱两可的，是能妥善应对经验事实的，是随着他衡量事物的模式的改变而调整的。

如果我们现在回到教育的道德目的如何与以学生为中心的目的相联系这一更大的问题，起码有一点应该是清楚的，那就是它们体现了类似的特征：冲突、在冲突中自主决策、集成信念体系。但这一点对我们启迪不大。格陵兰岛和塔斯马尼亚岛有关联，因为它们都具有岛屿的特征。道德目的和以学生为中心的目的之间的关联要比这两个岛之间的关联紧密得多。

我们现在假设，学生不是被当作彻底的利己主义者而是被当作好人来培养的。确切地说，"美德"包括什么内容我们并不清楚，但学生起码必须在关心自己的福祉的同时也关心他人的福祉。按自主的人生规划生活的彻底的利己主义者肯定会面临偏好之间的冲突，但他不会面临道德冲突，因为道德对他来说并不存在，至少在他个人生活行为中不存在。如果他在赴一个重要的约会时快要迟到了，但在路上他碰到了一个迷了路需要帮助的外国人，他不会把这看作需要公正也就是说不偏向任何一方处理的利益冲突问题。他可能从中看出了不同的冲突，但这只能是为了达到目的而采取的手段之间的冲突：他可以采取两种做法，一是对外国人置之不理，哪怕他给自己树立了助人为乐的美名，而如果对外国人置之不理的话，可能会有人揭穿他的虚伪，二是继续保持道德形象。他考虑的是哪种做法对他更有利。

有道德感的人会面临类似这样的顾及个人利益与顾及他人利益之间的道德冲突，而利己主义者不会。这种冲突在他的生活中并非孤立的事件，而是不断发生的。如果他要成为一个统合的人，就必须有应对这些冲突的总策略。这会是一种什么样的策略呢？

我们假设他有关注自己福祉的自主人生规划，并且按此规划生活。因此，他拥有一个根据自身偏好优先等级组织而成的综合体系，该体系能够让他或多或少地解决一些偏好之间的冲突。现在，当他面临自我与他人的道德冲突时，他所能做的事是相信人生规划并试着处理冲突。换言之，他把这种冲突看作两个或更多人生规划之间的冲突，是自己的人生规划与别人的人生规划之间的冲突。这里不存在他调整或改变自己人生规划的问题，只存在在特定情况下他给自己的人生规划多少权重，给别人的人生规划多少权重的问题。假设他要一直做一个完全统合的人，即一个设法解决各种长期存在的冲突的人，那么他必须有解决这类道德冲突的一般策略。但如果这样的话，他又怎能不破坏他原先的人生规划呢？他会不会不得不扩大原先的人生规划，使其不仅包括个人偏好之间的冲突，还包括道德冲突？如果他确实扩大了人生规划，这不就意味着他的个人福祉的概念也扩大了，即整合了个人偏好冲突和道德冲突这两类冲突吗？然而，根据前面的假设，我们试图想象一个不愿以这种方式扩展的人，他把自己的福祉看成是独立存在的，不包含任何道德要求，而且正相反，往往与道德要求相悖；对他来说，生活分成两部分，一部分关乎他自己的福祉，另一部分关乎他的道德责任。那么，这样的人怎么才能既坚持割裂的人生观，又力求将这两部分之间的冲突整合起来呢？他应该如何着手呢？

96   我们很难找到完全成功的策略。这是一个逻辑问题。他想整合生活的两个部分，但是没有一个同时包容这两部分的体系能让他做到这一点。尽管事实上，考虑到他也许没有看到这个逻辑问题，他仍可尝试做许多事情。例如，尽可能少对他提道德要求会有所帮助。这虽然不能解决确实出现了的道德冲突，但至少可以将它降低到最低限度，从而减少对他心理同一性的威胁。

降低道德要求的办法有两种：一是严格限制道德的内容，二是减少引发道德冲突的场景。如果他把道德的内容降低到最低限度，他就成为前面已讨论过的所谓的最低限度道德主义者。正如前面提到的，最低限度道德主义者最可能淡化的是行善的义务，这正是个人利益与他人利益尤其容易产生冲突的地方，特别是当善行不只涉及有限的熟人圈子，而且推及圈子之外的人的时候。如果我们的道德准则仅限于不伤害人、讲真话、重信用、守诺言、尊重财物等方面，那么这种道德准则与我们自身利益之间的冲突可能很容易避免。我们可能已经具备了遵循这些道德准则的一般品质，并且发现这些准则并不妨碍我们追求自身的利益。如果这些准则确实妨碍了我们，我们可以把道德义务先行作为一条普遍原则。这当然会损害我们的人生规划，但多半只是小损伤而不是大破坏。按照这种方法，人们或多或少能成功地保持生活的两部分处于不同的空间中。

另一种方法是减少引发道德冲突的场景。例如，有人可能会认为，对待那些与自己面对面接触的人的利益应该像对待自身的利益一样慷慨，与此同时，在安排自己的生活时则尽量减少与他人接触。为了维持自己的心理同一性，有人成为隐士，或者在自己的乡村庄园里过着充实的、自给自足的生活，并尽量不与仆人见面。

人们也许会试着通过多种方式把道德责任与个人福祉统一起来，但这种解决方式是不会成功的。一个主要的绊脚石是行善。如果没有充分的理由限制这种义务，使它只适用于面对面接触的熟人圈子或别的较小的圈子，那么，我们以忽略理性道德的本质特点为代价的做法，只在表面上解决了问题。例如，上面所说的住在乡村庄园的那个人，仍旧有对素不相识的人行善的义务。他只有采纳武断的道德观念才能解决这一问题，而对于自己所采纳的道德准则，他无法给出充分的理由。正如我们在前面对最低限度道德观的讨论中所看到的，如果他的道德准则不是对潜在的利己主义的合理化，那就只能是一种被不加思考地作为规则接受的东西，因为一旦他开始进行反思，他便会面临发现其不合理性的危险。

这使我想到了另外一种方法，采用这种方法可以防止个人利益与他人利益之间的冲突影响人的心理同一性。让我们假定道德主体比那个乡村庄园中的人对行善持有更宽容的看法——不将善行限定在面对面交往的熟人之间。我们进一步假定他感到他不应当过那种奢华享乐的生活，而应该为那些确实需要帮助的人做更多的事。这样看来，他的个人规划和利他主义

97

义务之间存在着真正的道德冲突。他因自己没能做自己所认为的有道德的事而有负罪感。自弗洛伊德以来，我们就很熟悉另一种试图最小化道德冲突的方法——压抑。这个人可能会有意忘掉他的负罪感。他可能通过不同的防御机制把负罪感驱逐到意识之外。

最后一种"解决方法"至多只是产生了表面上的心理和谐，实际上遮掩了更深层的失调。在这一点上，它反映了前面那种限制道德内容的"解决方法"。压抑貌似是一种解决之道，但和限制道德内容的解决方法一样，这样做的代价是引发新的冲突，一旦人们意识到限制的武断性，他们就会质疑其合理性，冲突就会爆发。

上面已经说过，这一问题从逻辑上来说是无解的。以学生为中心的目的和道德目的两者之间的冲突不可能在任何更大的集成体系中得以解决，因为根据假设，这样的体系并不存在。

如果我们假定在阐述我们的教育目的的时候，我们至少要求学生在成长过程中不会有严重的心理失调，那么似乎只有一种选择。他不可能不改变他的人生规划，也就是说，他不可能脱离更为广泛的道德考虑，只考虑自己的福祉（或者自己和家庭的福祉）。他必须扩大他的人生规划，将各种冲突整合起来，不仅包括偏好之间的冲突，还包括道德冲突。也就是说，现在他扩展了自身福祉的概念。福祉在于过上有道德的生活，不再自动优先考虑个人的需求和利益，而要权衡个人的需求和他人的需求。

这里有一个逻辑难题，因为看起来我们似乎在说，个人的福祉在于权衡自己的福祉与他人的福祉。但是，只要我们记得，第一个个人福祉指的是扩展后的"福祉"，而后面的福祉指的是扩展前的"福祉"，我们就能相当容易地规避这个难题了。从扩展前的意义来说，一个人的福祉确实可能在于过一种有道德的生活，但这取决于他是否碰巧愿意那样做。但同样地，如果他偏好的形式不同，那么，他的"福祉"也可能不在于过有道德的生活。扩展意义上的"福祉"概念的关键在于，它通过定义规定了个人的最大欲望是过一种有道德的生活。

以学生为中心的教育目的和教育的道德目的应该如何联系起来呢？我们在本章中一直探讨的这个问题现在有了一个明确的答案：这两种目的确实是一致的，但当我们说教育应该以学生自主地追求个人福祉为目的时，我们要从扩展的意义上去理解"福祉"。这样一来，那些认为教育的主要目的应该是"个人自主""自我实现"或者"幸福"的人与那些认为教育目的是"道德良善"或"社会利益"的人便没有必要争执了。与这些词相关的教育目的根据不同的方式可以有不同的理解，但只要我们沿着刚才讨论的思路来理解它们，它们就能统一起来。

可是，这一简捷的解决中心问题的方法并不能解决所有的问题。有人会说这完全解决不了什么问题，因为我们想对"有道德的生活"，即所谓主要目的有更多的了解，尤其是要知道学生怎么权衡与自己相关和与他人相关的事情。回想我们对于普遍主义道德的讨论，我们还需要知道那些"他人"究竟是谁。我们可能还想知道，把教育的道德目的作为主要目的是否合理。道德的考量是否应该凌驾于其他考量之上？如果不是，是否有武断地强加一种目的而牺牲别的目的的危险呢？

我们将看到这些问题都是相互联系的。

在这一背景下，"有道德的生活"究竟是什么意思呢？它并不是那种毫不利己、专门利人的彻底的利他主义。要我们做彻底的利他主义者的建议是荒谬的。我们不能保证任何个人的需求都能被顾及，因为他与别人都可能把他的仁爱施与他处，有些人可能根本就得不到照顾。彻底的利他主义是非理性的，因为它没有说明为什么主体不能给自己一点关照。刚才所说的为这个观点提供了显而易见的理由：如果每个人都在一定程度上照顾自己的需要，就不会出现有人仅仅因为没有人关心他们而受苦这样令人不快的情况了。彻底的利他主义也与我们所知道的人性相悖。每个人对自己都有一种自然的关切之情。虽然有些道德家们过分强调以自我为中心会使人完全丧失真诚的利他主义态度，但至少在认为一定程度的自我中心主义很可能是无法改变的这一点上，他们是正确的。我们为什么应该要改变自

99

我中心主义呢？适度的自爱又有什么过错呢？基督教直接或间接地影响着人们，让人们感到即便是最细微的自我关心也是有罪的。如今，有强烈基督教精神的中小学和大学培养出来的年轻人往往也有这种观念。然而，这种观念是不理性的，越早摒弃这种观点，于人于己都越好。

自我关心包括满足个人的基本需求，或者说达到目的之手段，以及对目的本身的追求。从理论上讲，主体根本没有必要为他的健康与衣食住行等担忧，别人能替他照料这些事，甚至到为他穿衣或刷牙的程度。但是为什么这些事大都靠他自己完成呢？其中的实际原因显而易见。我并不是说要划出明确的界限，规定个人应该关心什么，比如说，是否应该有为所有人服务的国家健康服务中心，或确定的最低收入线，这些问题都是重大的问题，我们在此不深入探讨。

关心自己的基本需求并不意味着要在他人福祉与个人福祉之间做出权衡。不论我是过一种献身于钢琴演奏的自给自足的生活，还是将时间用于市政机关的工作，我的基本需求都必须得到满足。

这样一来，就有足够的理由说明为什么学生应该关注自己的基本需求。这些理由并不能表明（尽管其他理由可能会表明）他谋求超过最低限度的需求是合理的，比如说，他试图获得超过他需求的金钱，或者当三居室的房子就足够用时，他却购买六居室的房子。再说，也没有什么明确的界限可以规定什么是最低限度。

他的目的本身又如何呢？可以肯定地说，他的首要目的将是过一种有道德的生活，但是在这个目的之下，将会有与自我更为相关的其他目的，从纯粹关注自我的目的到涉及与自我福祉紧密相关的他人福祉的目的。前者如从不在他人面前表演，仅为了娱乐而弹奏钢琴；后者如享受与家人一起度假。与更利他的目的相比，学生应赋予这类利己主义目的多大的权重呢？

我们已经看到，不同的道德观强调不同的内容。最低限度道德观强调个人目的，普遍主义道德观强调每个人的目的。我们已经看到了这两种极端存在的问题。我们能对学生做的事情至少是让他尽可能意识到这些问题的存在，意识到这两个极端之间存在不可避免的冲突。然后，我们就可以让他作为一个自主的道德主体，去寻求自身的平衡。

这种方法当然比严格按这两种道德观中的一种对他进行培养更为可取。如果严格按一种道德观进行培养，他就无法了解那种道德观存在的问题，也无法学习与其相对立的另一种道德观的长处。这无异于向他灌输一系列特定的观念和态度。

那么，用上文提到的开放的方式去培养他又会产生什么后果呢？这并非让他认为他可以根据自己的偏好随心所欲地衡量事物，而是让他不要因陷入道德冲突而大惊小怪。我们有理由赞成他公正地关注每个人的利益，也有理由认为他不断地尝试这样做会导致荒谬。在把某些利益置于其他利益之上的过程中，他将会发现一些重要的原因，这些原因可能使他在别的地方找到平衡。

教育工作者有没有理由向学生提出更具体的建议呢？还是他们必须让学生自己挣扎？他们能够提醒学生注意的一件事是，彻底的利他主义是荒谬的，此外，还有由此产生的一个重要推论，既然道德的重要性在于增进人们的福祉，既然我们每个人都对自身福祉感兴趣，并且这种兴趣是不可剥夺的，那么实现道德目的的最佳方法便是给每个人充分的空间，让他去追求自己的目的。另一个相关因素是他所在的世界及他在其中的位置的特殊性质。一个世纪以前，许多人生活在非人道的环境下，受此影响，格林写道：

在大批我们称之为兄弟的人没有机会成为我们认为他们可能愿意成为的人，而这种机会只有通过他人的帮助才能获得的情况下，还不是享受感官、求知、友好交流、精彩的演讲和写作带来的乐趣的时候。（Green，1883，p.270）

在每一个成员的生活需求都得到了充分满足的社会中，被帮助受苦大众的想法打动是不理性的，因为没有人在受苦。人们越追求审美及其他享受越好。学生应该问自己的问题是：我生活在怎样的社会之中？我的祖国是否足够富裕，人民是否都受到了良好的教育，因而不需要大规模的善行？如果是这样，这是否意味着我们更多的人有理由花更多的时间来关注自己呢？还是这意味着我们应该花更多的时间来帮助世界上其他地方的受苦的人？格林的建议在多大程度上在国际层面而非国家层面与我们相关？

除社会和世界的状况之外，学生还需要考虑自己在社会中的位置。他将在社会中扮演多种角色，很可能还包括职业角色。他会怎样看待他将从事的工作？很多工作明显是有助于他人的：比如种植粮食、教孩子们阅读、挖水沟等。其他如广告业或通俗小报日报的工作，如果有益处的话，也不是很确定。此外，大多数工作可以部分或全部地出于自身的利益去做，比如因为报酬和条件好，或是因为两害相权取其轻。在衡量他将把生活的多大部分用于为他人服务时，很重要的一点是，要从对别人的益处和对自己的益处两方面来反思他可能选择的工作类型。

学生还应该用另一种方式来考虑自己在社会中的位置。假设他最终做了一份乏味且没有前途的工作，也就是说，这意味着他不得不生活在贫困之中——不是物质上的贫困就是精神上的贫困，因为他必须用一半清醒的时间做机械的工作，再用另一半时间来恢复。或者，假定他的结局更为悲惨——他根本就没有工作，那么，从道德的角度来看，他理应得到他人的帮助。但是，既然他能公正地看待自己在社会中的位置，那么，他也有很好的理由看重自己的利益。社会上那些贫困的工人如果为提薪或改善生活条件而罢工，往往会被人们指责为"自私"。然而，他们绝对没有理由因为将自己放在首位而感到内疚，相反，他们所做的事在道德上是正确的。

弱势群体有理由让道德的天平偏离利他主义，而富裕者必须提防自己将道德的天平过度偏向自己的利益。在最低限度道德观盛行于富人阶层的社会中，尤其会出现这种现象。

还有一些可能对他有用的提醒。譬如关于个人福祉与他人福祉彼此关联的方式。只想通过艺术实现自我的人也能为数百万人提供艺术的享受和启迪，从这个角度看，"以自我为中心"的生活方式也就不那么以自我为中心了。当然，如果走这条道路的人能意识到这种生活方式的道德潜力，那么他们将会尽力确保自己有足够的能力给他人带来好处。

尽可能拓宽学生的视野，让他们了解自己可以选择多种生活方式（这是本书已论证过的一个教育目的）的一个后果是：他可能会因为想做的事情很多却不能事事都做而感到遗憾。人生短暂。一个人不可能同时成为专业音乐家、飞行员和律师，也不可能同时成为穆斯林、基督徒和无神论者，或者既是隐士又是社会改革家。正因为这一点，他可能欢迎和鼓励别人去过不一样的生活。实际上，认同他人可以使我们的生活更加完整，减少一些不能实现的可能性。因此，在帮助他人实现目标的同时，可能也会帮助自己实现目标。

最后，正如巴特勒（J. Butler）指出的，仁慈的人在某种意义上比急功近利的利己主义者更能实现自己的福祉（Butler，1726）。后者可能会失败，例如，可能会因为一些他无法控制的事件而难以得到他企图追逐的利益。仁慈的人也同样可能失败，例如，他捐献给牛津饥荒救济委员会的钱可能在运往印度的途中被挪用了，但是，不管结果如何，他成功地怀着仁慈之心行事。以欲望的满足为赌注，他总是胜券在握。

在上面这两个例子中，我无意要求每个人都为了自己的福祉而行善。这样做会使那些道德高尚的行为变成谨慎的举动。我想说的是，就像在第一个例子中所说的，个人福祉与他人福祉往往是紧密相连的。学生若能认识到这一点，可能就会得到启迪。

第5章 社会本位教育目的（二）：经济和政治领域的道德目的

前两章已交代了本书所讨论的教育目的的主要论点。本章将把道德自主的观点引入经济和政治这两个相关的领域加以讨论。将道德自主引入经济领域会把我们带回第4章开头提到过的"为了工作的教育"这一主题；将道德自主引入政治领域所要讨论的是作为教育目的之一的"公民素养"。

道德目的和经济目的

教育的道德目的和经济目的要怎么联系起来呢？

那些希望教育导向工业和商业的人一直将"道德培养"放在很高的位置。雇主希望员工诚实、守时、勤奋、合作，最重要的是顺从听话。雇主希望员工大体上能照着管理者的话去做，不吵不闹。但是，这种意义上的"品德优秀"跟上一章中所说的教育理想中的"品德优秀"大相径庭。道德自主的人不可能无条件地顺从听话。

不管怎样，顺从听话都不是一种美德。不论是雇主还是产业导向的教育者，尽管他们都强调"道德培养"，但他们对道德并不感兴趣。他们真正想要的是听命于自己的员工，至于员工服从的原因则不那么重要。即使他们顺从完全是出于审慎精明的考虑，比如为了不被开除或希望晋升，也无关紧要。

实际上，在现代工业中，这种审慎的考虑是很普遍的。托尼（R. H. Tawney）很早以前就指出，早期的资本主义企图把经济活动从道德领域独立出来（Tawney，1926）。这种分裂主义在今天依然有影响力，它隐藏在最低限度道德观之后。用行业术语来说，它表现为希望让市场力量来决定行业中的各个方面，尽可能不受道德因素的束缚。员工按合同出卖劳动力换取工资，他们参加工作并忍受工作是因为希望获得报酬和害怕受到处罚。公司生产的东西是有利可图的：报业公司一般不会审查它们产品的道德问题，也不会因为产品对人们没有益处就决定不生产它们。如果扩大产品市场有利可图，公司就会投资大做广告，但通常不会反思利用非理性的劝说形式使人们产生新的需求是否正确。

政府的行动在很大程度上有助于将经济活动置于道德约束之下：公司受工业安全、有害产品的销售与广告、商品描述等各种规章制度的约束。尽管立法者这样做是出于道德目的，但这并不代表那些从业者的态度。公司大多出于审慎的考虑，能够并且确实试图在这些"外部"限制下运营。

道德自主的理想与工业界盛行的观念正面冲突。设想一个接受了上一章所建议的教育方式的学生，他的第一份工作是在车间生产切片白面包。有人让他进行这样那样的操作，希望他一声不响地干活，什么也不要问。但作为一个道德自主的人，他怎么能不问问题呢？他有各种各样的问题。这是什么产品？它对人们有好处吗？（我选择切片白面包作为例子，是因为越来越多的证据表明许多工厂生产的面包对人体有害。）大做广告让人们买这种面包对吗？公司的主要目的是提供服务还是赚取利润？利润分给股东对吗？还是应该将更多利润分给员工或政府？将公司里的人分成不同的等级，上级命令下级，这样对吗？不同等级的人的收入悬殊对吗？如此等等。

我知道，许多雇主一想到教育系统有意培养学生这样对其工作进行道德审查就发抖。人们几乎可以听到他们抱怨："现在的情况已经够糟了。不用学校煽风点火，如今的劳动力本来就够叛逆了。"我也怀疑，如果这本书引起了人们的注意，某些群体可能会谴责它企图破坏我们经济的整个基础。

我对人们如何评价这本书无能为力。坚持以道德自主为教育目的的原因我已经说得清清楚楚。在这里我只讨论严肃对待这一目的所产生的一些后果。道德自主的人不会顺从地屈服，道德责任让他不得不提出这些问题。如果由于这种事情大规模发生，使今天的资本主义社会不能度过其"合法性危机"，并被改造成人们更乐于接受的社会，那么这不失为好事（Habermas，1976）。

员工的道德自主不仅威胁到雇主，还威胁到工会。工会也有等级制度、严守规则的要求以及自我保护政策，可以预料同样的道德审查也会在这里发生。

所有这一切都表明，有必要建立新型职场民主，使员工的道德自主制度化。因为对他们来说，只能用一种超然的态度问一些令人难堪的问题是不够的。作为道德主体，他们的主要任务不仅仅是思考，还有行动。如果公司以民主的方式运作，让每个员工都参与经营，就没有人会感到有关他工作的决定都是别人做的，而他自己毫无控制权（White，1979）。

这种民主组织应该采取何种形式是一个更深层的问题，不是我们目前所关心的。同样，关于收入分配、产品中蕴含的人的价值等等具体事项也是如此。在制定教育目的时，我们只能指出一个总的方向。但现有的讨论表明（这一点在第7章还将再次讨论），不仅家庭、中小学、大学能够对实现教育目的产生影响，其他机构的组织方式也能促进或阻碍教育目的的实现。实际上，目前它们常常妨碍道德自主，但是可以按照民主原则重新对它们进行组织，以维持和强化学校中已经形成的态度。

因此，现在我提出的建议是，经济目的必须服从于道德目的，而不是反过来。这不仅适用于已经工作的学生，也适用于正在找工作的学生。在制订他们拓展了的人生规划，即道德化的人生规划时，学生们需要在他们的道德天平上衡量一下从不同的工作中可能累积的他人的利益和自己的利益。对他们来说，仅仅用非道德化的方式来看待成本和收益是不够的。

现在，可以将我们在本章和前几章所讨论的道德目的、经济目的及以学生为中心的目的这三个目的明确地联系起来了。我在第 4 章的开头就主张，经济目的必须服从于第 3 章所讲的那种以学生为中心的目的。之后，我提出以学生为中心的目的应该加以扩展，使学生能够认识到自己的福祉在于有道德地生活。现在我们可以看出，经济目的也服从于扩展意义上的以学生为中心的目的。

或许我需要将这种关系说得十分清楚——如果还是不够清楚的话——在极力推崇员工道德自主的时候，我不是说员工要彻底地利他、自我牺牲，让公司居于稳定的道德龙骨之上。道德自主的人并不是完全利他的人，其中的理由早已阐明。作为一名员工，一个参与职场民主的人，他要把自己的诉求和他人的诉求一起放在天平上衡量。如果他处于相对不利的地位，就像我在前一部分指出的那样，他在道德上完全有权利为自己发声，要求有更高的工资和更好的工作条件。尽管他有道德义务，但他这样做并不是自私自利：他是在尽可能地履行那些义务。

以公民素养为教育目的

公民素养一直被列入教育目的清单中，它要么被看作包括其他一切目的的主要目的，要么被看作许多种目的中的一个。它是如何被纳入上两章所建立起来的目的结构中的呢？

具体道德那一部分论述了国家共同体在唯心主义传统中，是如何调节个人与人类整体之间的关系，使前者对后者的道德义务具体化的。我们已经指出了认为所有个人广泛的道德关怀必须通过国家促成的观点的不足之处：一个人可以通过参加一个救济机构为需要帮助的人服务。但是，即使如此，国家仍可作为一个调节者，它在国际上的潜在道德角色不容忽视。除此之外，我们确实需要以一种具体的方式过道德生活：当我们思考我们对其他人的义务时，我们确实不得不弄清楚那些"其他人"可能是谁。国家共同体提供了一个场所——虽然不一定是最重要的。在这个场所中，我们能够实现自己的道德抱负。就像我们前面对行业道德组织的讨论所表明的那样，自主的员工碰到的许多道德问题在公司内部无法得到解决，只能在一个更高的层次上解决。国家就是这样的层次，而且，国家不仅解决行业问题，还解决福利服务政策、法律秩序、教育和其他许多问题。

但是，为什么选择国家作为道德框架呢？为什么不选择一个较小的共同体——集体农场或其他形式的共同体？除了存在明显的群体利己主义的危险——只为自己活着而不顾群体之外的人的需要，小共同体还可能局限个人对世界和人生的看法。如果共同体很小，这几乎是不可避免的。假设这个共同体不以奴隶制为基础，那么它的大部分时间将用于农业、简单的制造业等等。它不会有太多时间来反思更大的问题，共同体内也不会有很多人能进行这种反思。因此，这种共同体的思想基础可能很狭隘，只包括很少的其他视角（如果有其他视角的话）。当然，这并不是说共同体越大，其思想就越丰富。但是，假若鼓励人们拓宽生活的视角，至少在较大的共同体中反思更大的问题的可能性更大。

很难看出小规模共同体的福祉怎么能成为教育工作的唯一目的。这并不是说小共同体完全不重要：它们在更大的整体内能够发挥重要作用。但是就其本身来说，它们或许不能实现我们所定义的全体成员的福祉。我们现在得出的结论跟黑格尔的类似，尽管希腊城邦具有浓厚的共同体色彩，但黑格尔拒绝将其作为一种理想。在黑格尔看来，城邦缺乏对个人自由——每个人的自由——的信仰，而启蒙运动认为这种个人自由对于完全理性的生活和人类最高层次的表达来说很重要。黑格尔自己偏好

109

的替代方案是黑格尔式的国家，它将希腊的共同体理想与启蒙运动的自由理想结合起来。

在不信奉黑格尔论点的条件下，我们能否更进一步地断定教育的一个目的是学生应该促进国家的福祉？

在本章中，我们一直在使用作为共同体的国家这一含义。和家庭一样，它是由相互关联的个人组成的；它的福祉就是相互关联的个人的福祉。在家庭中，个体直接关联在一起，在国家中，个体通过像家庭、工作小组这样的中间机构间接关联在一起，个体是这些中间机构的一员。在国家共同体里，这些机构和个人的工作与生活协调一致，在某种程度上基于共同的目的进行合作。这种协调可以通过国家管理机关执行（有时候也制定）的法律和规章制度来实现，有时也可以通过其他形式的劝导来实现。

有些人认为"国家共同体"太大，不能算是共同体。共同体是通过友爱关系结成的，是在基于共同目的的合作中产生的。共同体在小团体中可以存在，但在包含几百万人的大团体中通常不存在，至少是不常见的。马博特（J. D. Mabbott）在《国家与公民》（*The State and the Citizen*）一书中抨击了把为国家服务作为道德理想的观点（Mabbott，1948）。但是他的观点是一种非黑即白的观点。友爱是一个程度的问题。在小团体中，友爱的气氛可能最浓，但是大团体中也不一定完全没有友爱的气氛。如果我们记住，国家共同体不是毫无组织的个人堆积起来的，而是包括各种各样的较小的中间团体，那么就没有理由认为贯穿后者的合作和友爱之流不应该在作为一个整体的国家之中流转，尽管流转得不那么迅速。

简言之，公民培育可以被视为对国家成员的教育。后者显然还可以用不同的方式来解释。黑格尔式的国家就是一个例子。黑格尔式的国家存在很多问题，特别是黑格尔式的理想王国在人和上帝或神之间进行调停这一假设，但在此我们不做探究。另一种解释涉及以自主为特征的国家共同体，这里的自主包括本书先前描述的道德自主。教育的目的之一应该是使学生逐渐将自己看作国家的一员，基于共同目的进行友好的合作。

即使这样，我们也必须慎之又慎。将国家共同体作为我们道德生活的主要场所这一理想图景可能太具诱惑力了，特别是规定国家不排他的时候。这可能很容易让人觉得教育只是为这样的国家共同体培养公民，因为对较小团体的信念可以通过这种或那种方式表现为对国家的信念。这里的问题是，我们生活在许多道德框架之中，似乎没有充分的理由从中选择一个作为最佳框架。我们是许多不同层次上的道德主体，从关注自身或家庭到对整个人类承担义务。国家共同体是其中的一个层次。把一个人所有小范围（比如对家庭）的道德信念和所有大范围（比如对全人类）的道德信念都统一在国家公民身份之下，那肯定是非常有美感的。但是，道德现实更无序一些。这种理想化的观点没有给我们留下余地去帮助我们国家共同体成员之外的人，除非让我们作为那一共同体的成员。它也不得不排除那些世界性的但不是由国家进行组织的机构，例如工业公司或艺术协会。我们所有的道德生活并非都必须通过国家来协调。此外，这种理想主义的观点过分强调道德和谐，而忽略了道德冲突。我对自己或家庭的关心可能跟我作为员工、公民或国际社会成员的角色发生冲突。没有什么共同利益能表明这些矛盾冲突只是幻觉而已：它们确确实实存在着，而且只有我能够调和它们。极为重要的是，不要沿着理想主义道路一直走下去，因为尽管其本意是好的，但它最终还是强加给学生一个无根无据的道德生活构想。不应该向学生灌输他只有在公民生活中才能达到完全的道德自我实现这样的观点。

同时——而这也是我们能够从这个学说中提取的积极观点——同等重要的是，要向学生展示作为国家共同体的一员给他提供的机会，以及赋予他的扩大道德视野的义务。"为国家而教育"的思想曾经一度盛行，尽管从 20 世纪的经验来看，我们反感这一观念是完全可以理解的，但还是有点过火了。

在本节中，我尽量避免把国家与民族等同起来。一个民族可能被分成两个或两个以上的国家，一个国家共同体也可能就是一个民族。如果是这样的话，会不会有什么危险或困难呢？这是一个有趣的问题。

让我们从教育的角度来讨论这个问题。如果国家共同体是一个民族，为国家共同体的教育就成了为民族的教育，民族主义将贯穿教育的始终。许多人会说："这显然是这种教育的结局。确实，在两次世界大战之后，我们最不希望看到的就是民族主义的教育。"

尽管如此，我们不应再允许自己被充满感情、具有感染力的话所迷惑。格林在谈到现代国家时说，现代国家在大多数情况下是"一个民族的组织，个人感到他与民族的关系类似于他与家庭的关系，这些关系的产生是因为有共同的居住地以及交往，有共同的记忆、传统和风俗习惯，有由共同的语言尤其是共同的文学体现的共同的感觉和思维方式"（Green，1883）。正如我们所看到的，个人对整个人类的依附需要落实到小规模的社群生活中。一个说同一种语言的团队显然是这一角色的候选人。如果不存在这种特征的话，就必须找其他东西作为中心特征。有时候可以找到这样的东西，但在其他时间和其他地方——比如在欧洲大陆——可能不容易找到。

民族特征可能有助于将国家共同体凝聚在一起，忽视这种可能性是愚蠢的。这样说并不是赞成民族主义的排他性。当今世界上有许多单一民族国家的基本理念是包容的而不是排他的，它们的例子表明，它们的民族感情，即爱国主义，并非与本书所描绘的开放的国家共同体思想毫不相容。

国家共同体是不是最好以民族特征为基础，这个问题没有一个一般性的答案。或许能够而且应该找到共同体的新的中心特征。有人说大型社会倾向于疏离，共同体的规模应该小一点，他们的话也许有些道理。正如我所说的，中间共同体可以发挥作用，将个人与较大的国家共同体联系起来，指出这一点在某种程度上可以回应这种论调。但是可能很快就会有人反驳说，考虑到我们现在的工作机构和其他机构的性质，以及国家共同体不把社会变成庞大的行政系统便不可能协调其运转的情况，这种办法尽管是可行的，却不实用。我认为，没有人有权威说国家共同体应该是什么样

113

子的。如果是这样的话，就应该暂且搁置这一问题。或许随着新技术的发明，随着对社会和谐或分裂的条件有更多体会，这一代的孩子能够比现在的我们更好地回答这个问题。

如果不考虑国家共同体的大小，我们对其内部结构能够说些什么呢？它的政治组织形式是怎样的呢？它在某种意义上是一个阶级社会吗？

当代英国社会在相当大程度上仍然受 19 世纪的教育观念影响，这种教育观显然是柏拉图式的教育观。它认为人民大众需要的教育是能帮助他们找到某种工作的教育，他们对整个社会的了解满足特定工作的要求即可，而那些将属于精英阶层的人则需要一种更全面的教育。这种教育理想为少数人提供"自由"教育，为其他人提供"职业"教育。对有些人来说，这两者之间的界限就是私立学校和公助学校（maintained school）①之间的界限。界限的一边，其理想的图景是公学提供丰富多彩的、多方面的教育作为大学教育的基础，尽管这种大学教育通常更专注于正式的课程而不是工作，但是却有助于让这些未来的精英对社会有更广泛的理解，并通过各种各样的课外活动加强他们之间的友爱关系。界限的另一边，是公助学校，这类学校最好（但不一定）分成两类：一类是精英辅助者的学校，一类是为其他人开设的学校。这两种学校都不提供综合教育（synoptic education）。文法学校或者考普通教育证书（GCE）的那部分综合中学应该培养先进经济所需要的知识渊博的技术人员、管理人员和其他方面的专家；而现代中等学校或者不考 GCE 的那部分综合中学应该培养中学毕业生，他们在读写和算术这样的"核心"领域达到了，通常也仅仅是达到了最低水平，在多数情况下，他们还具有行业较低级别工作所需要的一些专业技能。

暂且不谈英国的详细情况，先讨论这种"柏拉图式"的教育理想，它

---

① 公助学校是由地方教育部门拨款和监管的学校。这类学校由受托基金或资助人管理运营。目前英格兰大部分小学为公助学校。参见 https://www.theschoolrun.com/what-are-maintained-schools. ——译者注

能够在各种不同的情况下实现。它的主要特征是，只有跟共同体的精神政治功能相关的精英人士——艺术家、思想家、政治家、法官、高级公务员等——才需要综合教育，综合教育能让他们深入人类福祉问题的中心，而其他人——农民、工程师、机器操作员等——则不需要这种理解和投入来履行他们的专门职能。他们没必要关心政治。实际上，可以通过常规的、非自主的道德来引导他们，例如，做好自己的工作，因为这是对他们的要求，而不是因为他们懂得这是对整个社会的贡献。与精英阶层不同，即使他们除了自己的专业技能或手艺外一无所知也无关紧要。

那么，"柏拉图式"的社会真的会比其他任何社会更有可能加强社会凝聚力吗？这种"柏拉图式"的观点似乎建立在以下主张的基础之上，即从理论上讲，有可能培养一批人作为权威来制定国家共同体应该追求的目的。

如果有如此万无一失的程序的话，由精英阶层来确定最终目的可能会更好。然而，尽管柏拉图确信存在道德专家，自他那时起的道德理论却未能揭示出他们的存在。在反思道德本质的时候，是否存在专门的知识还很难说；但是，即使道德哲学家能够比其他人更清楚地看到道德必须依赖的基本原理（这可能尚有疑问），哲学家也没有特殊的洞察力看清原理是如何应用于具体事例之中的。因此，不能指望哲学家来确定社会的政治目的。经济学家和其他社会科学家可能比其他人更能估算出执行 A 政策而不执行 B 政策可能出现的后果。但是，他们没有特殊的权威（这也是其他人所没有的）说我们应该执行 A 政策而不是 B 政策。没有人有特权说我们共同体的目的应该是什么。如果是这样的话，认为存在一个单独的精英阶层以及单独的教育的"柏拉图式"的观点似乎就没有道理了。

因此，似乎没有理由限制任何人接受的教育的内容。所有人，而不是某一些人，都应该受到综合教育而非某一种特定的专业教育。从另一个原因来说也是如此。如果只有一部分人接受综合教育，那么国家共同体福祉所需要的友爱态度将处在危险之中。让我们把接受综合教育的群体称为

"A"，把其他人称为"B"。现在我们可以想象，A 中的成员通过友爱关系紧紧地联系在一起；他们认为他们中的每个人都基于共同目的自觉地与他人合作。他们能感到自己与 B 中的成员有共同之处：B 也是同一共同体的成员，为共同体的福祉做贡献，尽管他们没有进一步意识到他们所扮演的角色。但是 B 中的成员如何呢？他们怎么看待 A 中的成员呢？他们不可能把 A 看成基于同一目的而奋斗的合作者，因为他们缺乏理解这一点所需要的知识才能。他们看不到知识探究的重要性：他们认为那些进行知识探究的人一定是与自己完全不同的人，他们从事令人惊叹而神秘的事情；或许更愤世嫉俗的看法是，他们靠工人的血汗养活，将生命浪费在无用的消遣之上。在这种社会中，相互的友爱关系只存在于 A 的内部；在 A 和 B 之间，这种关系是单向的，从 A 到 B，反之则不存在——即使在这里，A 的成员对 B 的成员也只能怀有一种弱化的友爱之情，因为他们只能把 B 的成员看作部分地与他们相像的人，而且这种相像只存在于不太重要的地方。这种社会缺乏严格意义上的共同体必须具有的完全的、相互的友爱之情。只有 A 是一个真正的共同体，充其量它的成员欺骗自己，认为 B 跟他们共同组成了一个较大的共同体；最坏的情况是，他们说的 B 跟他们共同组成一个较大的共同体只是一种浮夸的言辞。

基于这些理由，要更好地服务于社会的福祉，就应该建立共同的教育系统，实施我之前简称为"综合教育"的教育，不能采用分裂的系统，即让有些人得到综合培养，而让大多数人接受专业培养。尽管这并没有规定每个孩子的教育内容在每个细节上都必须跟其他孩子完全相同，但是它确实限定了教育内容的可变化程度。

主张实行普及的综合教育的言外之意是，应该对共同体进行民主管理。没有哪个人有权决定共同体的利益，这是民主信念的事实基础，每个人都有平等的权利做出决定。他们不仅仅有平等的权利：如果个体具有道德责任去做某事，不会因为别人告诉他要做什么就去做，而只是因为他觉得这是对的才去做。

因此，共同体的组织形式必须确保成员最大限度的参与，必须设计一些机制来维护道德自主和公民职责。

因此，这种教育会包括特殊的政治因素。从某种意义上说，也就是柏拉图或亚里士多德所理解的那种意义，它应该使学生适应国家或政治共同体中尽可能好的生活形式。更狭义地说，政治只是这种教育的全部内容中的一个要素。公民都必须至少了解一点民主原则，能基于自身经验，理解不同层次的共同体生活中的实际政治情况，以及影响他们政治决策的知识形式（如经济学、政治学），有乐于利用这种理解为共同体服务的意向。

但是，这种教育跟艺术和思维方式的教育最终是分不开的，艺术和思维方式向公民展示对终极价值的不同看法。理解民主国家共同体为什么值得捍卫必然意味着一个人已经思考了至善的本质。不仅政治，哲学、艺术、宗教、科学——所有这些都必须进入普通公民的教育。

许多人会认为推行这种普通教育 ① 有困难。一些人认为，这一层次定得太高了，只有少数人能够做到。根据这种观点，最终还是免不了采用"柏拉图式"的系统。可能的确不存在道德或政治权威，但这并不是说每个人都应该在政府的不同层次起作用，因而，人们需要接受综合教育，只有那些具有智力才能的人才能这样做。但是，智力才能的要求很高，包括了解利益的本质，了解基本的政治原则，掌握经济学，懂得艺术在人类生活中的作用，等等，因此，这一职责肯定局限在少数才华横溢的人身上。

确实，我的观点假设我们都有能力参与民主决策。这只是我在本书中对人的本质所做的许多经验性假设之一。另一个假设或许不那么具有争议：我们都有互相友爱的能力，我们并非全都无可救药地禁锢在以自我为中心的个人小圈子里。我关于智力才能的假设有根据吗？首先，问题在于这种能力用来干什么。我要求对利益的本质、民主原则、经济学等等的理解达到什么程度？我认为理解是一个程度的问题，对这些东西或其他东西

---

① 这里的"普通教育"指的是每个孩子都应接受的教育，作者赞同的是一种综合性的教育。——译者注

的理解可能有多有少。反对者的论据看起来可能强而有力，因为他认为要
有很高程度的理解才行——比如，要有柏拉图理论的卫道士那样的理解。
但我看没有必要这么要求。没有先验理由说明少一点理解就不能参与民
主；而且经验性证据表明，懂得少一点也可以并且确实可以参与民主。[1]
（需要什么样的知识，谁需要这种知识，这是教育哲学家还有其他一些人
现在正在关注的进一步的问题。）[2]

　　但无论如何，我都不会假设普通人没有能力达到高程度的理解。为什
么他们就达不到呢？反对者有责任证明这一点。借助于经验——例如学校
教师发现，只有少数人具有真正的智力才能——不会给我们多大帮助。因
为在现在远非完善的条件下接受教育的许多人的缺点并不能证明在较为完
善的体系中许多人也会有同样的缺点。凭借"科学"，即基于智商测验的
学说，也并不能说明什么，最近对这种研究的批评也表明了这一点。很难
说何种测验（不论是智商测验还是其他任何测验）能够表明普通人的智力
有一个最高上限，使他在某一点之后难以有所长进。我已经讨论过这种天
花板上限论。

　　如果要将设想的这种普通教育付诸实施，我们的社会观念和实践也
必须改变（这可能是一些人认为难以接受的第三个原因）。因为它与当前
流行的观点大相径庭。当前流行的观点是，人们的教育成就应该因其职业
阶层不同而不同，适合"专业阶层"的教育根本就不适合像修路工或挖煤
工这样的体力劳动者。如果每个人都接受这种普通教育，可能会产生各种
严重后果。例如，教育培养了人的智力才能，在某些工作中人们可以更充
分地利用这些才能，那么在求职时，这些工作的竞争可能更激烈。有些批
评者会认为这是反对普通教育的一个理由，他们认为不成功的竞争者——
或许在人口中占多数——将不得不凑合着干智力要求不高的工作，他们
在工作中会感到难过受挫。但是，这样的批评者缺乏想象力：他们对现状
做了太多假设。有吸引力的工作的竞争加剧可能意味着，为了使不吸引人
的工作能够吸引人，其工作条件必须改善。比如，或许一个修路工一天

工作 3 小时的报酬可以跟一位大学教师一天工作 10 小时的报酬一样，这样他就能在工作之外有时间进行智力活动。毫无疑问，一个人的社会地位跟他的工作所发挥的作用相比将显得不那么重要。然而我们为什么不像重视教授、艺术家或政治家的工作那样重视修路工、下水道工人、办公室清洁工、纺织厂机械工的工作呢？在一个比我们的社会更好的社会里，这种工作不会有任何污名。人们不会对做什么样的工作那么大惊小怪，只要工作在这种扩展的意义上很重要，并且让他们有充分的机会，不管在工作内还是工作外，来实现他们的精神才能。我敢说，许多人愿意从事乏味的工作——例如许多人至少在一生之中的部分时间内愿意送牛奶，因为他确信做这样的工作比当画家、教师或政治家对共同体更有用。送去的牛奶为人们提供了营养，但设想中的杰作可能难以画出，学生可能不学习，法案也许通过不了。我自己和同事们选择了大学教师的职业而没有去面包店当工人，这条路走对了吗？（"多么不可思议，毕竟他们受过这么多教育！"）为了使我们自己确信我们做对了，我们要在工作中经受多少痛苦、投入多少努力，才不至于在职业生涯的终点回首往事时，因为没有取得多少成绩而感到羞愧难当！当审判日到来之际，谁不宁愿自己是烤过一百万块面包的面包师呢？[3]

　　以上就是以公民素养为教育目的的讨论。最后还有一件事需要讨论一下。我强调过，学生应该确保自己不仅有参与不同层次的民主决议的权利，而且有参与民主决议的责任。许多道德决定需要在政治的层次上加以解决，他们作为父母、劳动者、公民或其他角色都会直接或间接地参与进来，但这丝毫不意味着每个学生都要成为政治活动家。每个人给公民职责赋予的权重是不同的。如何平衡这些责任与一个人开发超常音乐才能的欲望、对家庭的义务或他在牛津饥荒救济委员会的工作之间的关系呢？我们又面临着不能按同一标准衡量道德要求这个老问题，而且依然必须将这个问题留给自主的道德主体，让他自己判断如何平衡关系。但是，即使他全身心地投入——靠个人的收入——到双簧管中去，而且从不参加选举或

120

看报纸，按这里提出的教育理想，这也不仅仅是他不关心政治的结果。这不是说他"对政治毫不在乎"。他对公民角色的理解会使他足够关心政治，但是对他来说，从道德上讲，献身音乐更重要，而且确实重要得使他没有余地参与哪怕是最低限度的政治活动。实际上，尽管很容易想象不那么激烈的冲突，我仍怀疑诚实的道德反思是否真的会让他建立如此极端的优先顺序。但即使在这么极端的情况下，音乐家也不能轻易摆脱政治。很难想象他如何避免某种惶恐的感觉，比如说唯恐他的才能不能充分说明他的专注，或更宽泛地说，唯恐他没有在恰当的地方找到平衡。我已经说过，这位音乐家是个极端的例子。他做了一个断然的决定，将政治排除在他的生活之外。当然，在现实中，人们极少认为这样断然的决定是合理的。不断平衡各种责任是我们一生都必须做的事情。我们永远负有公民义务。[4]

第6章 什么是受过教育的人

受过教育的人应达到的要求

我们已经结束了对教育目的的探究，现在必须进行总结了。受过教育的人的形象究竟是怎样的呢？

从早期的以学生为导向的内在目的到以社会为导向的目的，我们讨论的范围越来越广了。受过教育的人会考虑扩展意义上的自身福祉，扩展意义上的福祉包括有道德的生活，而有道德的生活又包括公民的维度。有人将拥有知识作为受过教育的人的主要特征，而我们则把美德放到更中心的位置。受过教育的人倾向于以某些特定的行为方式行事，他具有普遍美德，如审慎，或者说关心自己（也包括诸如勇气与节制这样的从属美德）。普遍美德是从广义上而不是从狭义上来说的，它包括更具体的道德品质，如仁爱、公正、忠诚、宽容和可靠。这要求他头脑清晰，能够理清自己面对的各种复杂的价值冲突，同时又要求他富有智慧，能够对这些冲突进行反思，并尽可能考虑与之相关的因素，在一个尽可能大的框架中解决这些冲突。受过教育的人崇尚自主，有自己独立的思考，并且支持其他人进行独立思考。他能从狭隘的目的中超脱出来，并运用想象力去理解其他人的思想。难以想象有人会说受过教育的人缺少幽默感。然而，在我们那些"受过教育的"熟人中，有一些可以算是没有幽默感的人。除了有幽默感，真正受过教育的人还是充满活力的人，他热情地投入他所选择的人生规划及各种各样相关的具体活动中去。

审慎、勇气、节制、仁慈、清醒、思想独立、智慧、幽默和活力等品质是受过教育的人的标志性特征。当然这并不意味着其他人有时认定的标志性特征，如拥有知识和理解能力就不重要了。相反，受过教育的人应该见多识广。但对他来说，知识是美德的必要前提，而知识渊博本身并不是目的。

受过教育的人要掌握的知识或理解力确实是复杂而广泛的。在第 3 章末尾我讨论过这个问题，但当时并未将个人福祉的概念延伸到第 4 章和第 5 章的道德因素，现在可以进行更全面的说明了。

受过教育的人首先必须对他个人的福祉包括什么有一个总的了解。他需要了解目的本身的多样性，这些目的可能是他人生规划的组成部分，他还需要了解实现这些目的的手段以及在此过程中会遇到的障碍。目的本身可以是多种多样的，包括享受肉体的快乐如吃、喝、娱乐，受人尊重和社会交往，欣赏、创造或表演艺术，追求知识，等等。这些类别和其他类别还可以进一步细分，即不同种类的食物、游戏、艺术以及知识形式。很难确定受过教育的人对于目的的了解要多广泛多具体。正如第 3 章所说的，人们总想掌握更多的知识，掌握知识体系中分支的分支，无穷无尽。这种"全面狂"是过度强调教育的一种价值——知识，而忽视其他价值，如对个人计划的投入的结果。

第 2 章我们讨论到教育应该具有内在目的性，这一理论所包含的真谛现在应该更清楚了。个人教育的内容之一是对目的本身的了解，但这种说法并不能自圆其说或让人本能地感觉它就是对的。它的合理性来自它所在的教育理论的整体结构：对目的本身的理解是我所描述的受过教育的人的必要条件之一。有一种内在理论认为，为了知识本身而掌握或追求知识是受过教育的标志。同样，这种说法并非完全错误。对知识的追求与拥有确实能在目的本身中找到一席之地，然而它们不是这类目的之全部，也没有理由赋予掌握知识和追求知识任何优先地位。如果这样做，会严重误导学生。然而，如果一个学生在结束学业后，对于诸如探索自然科学或艺术史这类目的本身的追求毫不欣赏，那么他所受的教育便是残缺不全的。

下面我们从探讨目的转入探讨手段和障碍。手段包括必要的物质条件和个人品质。前者如食物、住房、金钱、健康，后者如勇气与节制。我在前文提到过个人品质，在这里我还要再次提及它们，因为对受过教育的人来说，有勇气和有节制力还意味着理解这两种品质对他的重要性。障碍有许多种，其中包括心理障碍和社会经济障碍。一般而言，从手段和障碍的角度来看，知识目标包括对一般的人文科学的充分理解，并知道如何在社会生活及所在世界中运用它们。社会学、心理学、经济学、政治学和地理学知识都很重要。显然，稍微具备一些历史知识也有助于个人理解自己周围复杂的障碍与机会之网是如何形成的。

除了理解目的本身、手段以及障碍，受过教育的人还要更广泛地去理解个人福祉包含什么，即这些元素要怎样有机地构成自主的人生规划。这意味着最理想的情况是他必须像哲学家一样，善于并乐于全面思考这类事情，不陷入迷茫或对权威的盲从之中。为此，他必须有清晰的思考能力并对各种有关人类利益的思想传统略知一二，比如宗教是怎么理解人的利益的。这就要求他能够理解各种有关人类在浩渺宇宙中的地位的形而上观点，尤其要理解有神论与自然进化论的对立。

迄今为止，我们所概述的知识形式或多或少都在第 3 章末尾讨论过，当时我们所用的还是没有扩展的个人福祉的概念。现在，我们必须把受过教育的人作为一个道德自主的主体所必需的东西加进去。当然，在这点上，前面讨论的所有知识形式都会有新的意义：如果他关心其他人的福祉，他一定要了解这种福祉总体上是什么，以及它包含哪些内在的和工具性的组成因素，否则他不会走得很远。事实上，作为具有道德自主性的主体，他所要掌握的各种知识都归属于这些主题。人们也许会认为应该将对制度化道德的了解加进来。但即使是最审慎地来看，这种知识对一个人来说也是有益的。然而，抛开这个不说，对教育的道德要求确实把某些知识

124

放在突出的地位，而这种知识原来很可能会被忽视甚至被贬低：这种知识不仅包括对道德的理解，还包括对实际处境的洞察力。对道德的理解要求受过教育的人至少具有初步的哲学修养，对实际处境的洞察力要求他能洞察在道德上与他相关联的"其他人"的思想和生活条件。同样，可以想象有的知识，比如说有关某一地区贫困问题的知识，甚至对哪怕是最卑鄙的自我中心主义者都有好处，而这种知识对于本章所描绘的视野开阔的道德主体更是必要的。由于"其他人"可以包括他自己所在社会之中的人，也可以包括他所在社会之外的人，甚至可以加上有感觉能力的非人类存在，因此他必须具备与之相关的广泛的事实性知识，这些知识来自诸如社会学、人文地理学、国际关系学、生态学等领域。作为一名未来的劳动者，他的道德抱负有一部分体现在他通过自己的工作为他人提供的服务之上，因此他需要了解各种形式的工作所具有的道德意义。作为一名民主制度下的未来公民，对于不管是国家层面、地方层面还是工作单位层面的民主，他都需要了解有关民主组织的一般原则，以及如何运用这些原则来处理他所面临的具体问题。

为了避免可能的误会，作为对受过教育的人的描述的补充说明，让我谈一谈前文经常出现的"人生规划"一词。这个词在对受过教育的人的描述和前面的讨论中都占有突出地位。我不想通过这个词来暗示受过教育的人一定得有一幅清晰的生活蓝图，规定他如何度过生命的各个阶段，整齐地标出各个中间目标。"规划"这个词或许可以有这样的引申意义，但这并不是我想表达的。我所指的是含义更宽泛的东西，即受过教育的人应该考虑到我提到的那些因素，对自己准备过一种什么样的生活做些构想。这个构想可能相对来说不成熟，只有粗线条，具体细节也有待补充，甚至这些粗线条日后也可能随想法或环境的改变而改变。它也许更多地具有"蓝图"的意味——我觉得没有理由排除这种看法，但也没有必要这么说。

教育目标的统一性与自主性

　　还可以通过多种方式详细阐述受过教育的人所具有的品德和理解力。如果这种见解被采纳并运用到教育系统或教育机构的实践中去，那么作为一种理论，它的具体细节还有待补充，这样才能更清楚地制定最终的目标，如学校的全部课程目标等。这样说似乎回避了一个重要的问题。"受过教育"（educatedness）是 16 岁或 18 岁学生离校时能达到的一种状态吗？抑或"受过教育"是一种不确定的素质？现在，人们常常谈论"终身教育"或"永久教育"。如果人们接受了前文提出的"受过教育"的要素，那么，是否应该认为这些要素是逐步获得且永远不会完全获得的，而这个获得过程是持续一生的呢？

　　我稍后再回到这些问题。首先，我想处理一种根本性的反对意见，它反对我对受过教育的人的描述。如果反对有效的话，就完全动摇了这一描述的根基，从而使得任何对学生在完成正规学校教育后能否达到"受过教育"的程度的讨论都只是浪费时间。

　　反对意见认为，我所描述的受过教育的人毕竟是我个人的看法，它是一种带有浓厚个人色彩并受文化影响的价值判断，而这种价值判断并不是所有人都认同的。如果我建议学校和其他教育机构采纳这样一套目标，那么，我有什么权力督促它们将其强加在孩子们身上呢？我的做法从根本上说不正是在灌输吗？这不正是试图用某一种模式来塑造孩子们，而这个模式本身是相当具有争议的吗？不管怎样，为什么我要如此强调统一性呢？为什么受过教育的人都必须是同样的类型，具备同样的特质呢？我们能否重新构想一下，让教育工作者培养出各种不同类型的受过教育的人呢？

　　这些问题展现出人们的各种焦虑情绪，但它们都涉及推崇某一特定理想的合理性问题。我想我能轻而易举地反驳其中的"统一性"这一反对意

126

见。我认为，受过教育的人会有一些共同的特点，但恰恰是他们的这种共性，才使他们可能成为具有不同兴趣、不同价值观念、不同看法的个体。他们个人的自主性和自我导向性是相近的，这使他们必须在面对各种价值冲突时找到自己的平衡点。不同的个体会找到不同的平衡点，选择不同的人生规划。我们没有理由认为这种教育培养的孩子在多样性方面会逊于当今社会中的教育所培养的孩子。今天的孩子多半不具备本文所描述的有关生活选择方面的广泛知识，这必然制约了他们对自己应该过什么样生活的思考。他们受他们所在时代的传统观念影响，这一点毫不奇怪。有多少孩子最后站在了传统价值观和态度的传送带上，比如相信生活是且只能是一场为地位、金钱、权力和享受的竞争呢？有多少孩子是在宗教熏陶下长大，相信生活应该是顺从地执行上帝的旨意呢？又有多少女孩长大后会认为她们在生活中的主要角色必须是母亲与家庭主妇呢？

我不觉得我所倡导的这种教育目的会减少生活方式的多样性，情况恰恰相反。遵循共同的、统一目的的教育是否会将孩子们培养成雷同的"复制品"，取决于目的本身包括什么。建立在宗教基础上的非常严格死板的教育无疑会导致这种结果，然而，如果唯一坚持的统一性是让每个人都成为自主的个体，就没有担心的必要了。

这些回答并不能消除所有对我的观点的质疑。有些人会担心把品质方面的目的置于掌握知识和发展理解力的目的之上所带来的后果。刻意塑造孩子的品质无异于把他们塑造成特定类型的生物。很多人认为"自由教育"或"为了知识本身而追求知识"的吸引力在于，它的目的不是塑造性格，而是把学生从无知和错误的观念中解放出来，它经常被认为是避免某种强加或灌输的唯一教育途径。

果真如此吗？其实它并未避免灌输某种品质。它试图培养学生的某些思维习惯，如独立思考、执着地追求真理、思路清晰等。有人会说，这些纯粹是智力上的特质，培养这些特质不可能是灌输，因为学生越是具备这种思维特质，他们便越是倾向于反思甚至拒绝接受别人传递给他们的观点。他们还会争辩说，当涉及道德品质时，情况就不一样了。道德品质在本质上不反对灌输。培养孩子成为诚实、体贴、宽容、仁慈的人就是要塑造他们的品格，使他们一直保持这些品格。自由主义的教育家们甚至可能要求学生在思想的自主性上达到这样一种境地：他可以按照自己的意愿拒绝这种自主性。也就是说，如果一个学生决定成为一个服从权威的宗教信仰者，这种做法对他来说也只是殊途同归的一条途径而已。（他是否走到这一步，取决于他对自由教育的看法。）

如此看来，对孩子进行品德塑造究竟有何错误还不甚明了。一般人们反对灌输是因为被灌输的人没有机会进行反思，因而不能拒绝接受别人灌输给他的观念或者他已有的观念。自由教育是反对灌输的，它鼓励独立思考，甚至可能走向极端，对独立思考本身的意义提出疑问，甚至抛弃它转而皈依宗教。然而，如果用这种方式说明问题的话，我们就无法弄清楚塑造孩子道德品格的灌输性体现在哪里。我们可以教育孩子诚实、体贴而不想禁止他们思考随之产生的观点，即他们是否应该具备这些美德。当然，我们可以通过灌输的方式来塑造他们。有时我们教育孩子们服从权威在道德上是正确的，而不服从权威是不对的；教师往往不愿意让学生思考服从的合理性。但这不是道德教育的唯一形式：我们可以让孩子们自由地思考我们灌输给他们的美德，甚至鼓励他们这样去思考。

然而，反对者可能会指出："如果他们已被塑造定形，体贴已成为一种自觉的习惯，那么思考这种品德的合理性就没有什么好处了。"

根本的问题是，人们有什么权力来塑造被教育者？为什么要选择他所选择的品德？有什么论据可以证明，我们所传播的价值观不只是我们所处的特定文化所推崇的呢？更宽泛地说，为什么要对人灌输美德呢？道德是一种承诺，它并不是任何理性存在必须接受的：非道德主义的利己主义者或许总能够证明自己立场的合理性。因此，当我们把孩子培养成有道德的人时，我们无形中使他们承受了一种完全不合理的生活方式。

同样，这里有许多不同的反对意见。我同意，教导孩子们并使他们具

128

有某些品质，将他们束缚在某种特定文化的生活方式之中的强调灌输的倾向是危险的，因为这与我所主张的自主性理想相抵触。在男性主宰的社会中，我们的文化传统总是将女孩培养成顺从的人。如果我们希望所有的孩子都成为自主的人，我们必须与这种要求女孩从出生就要顺从的社会力量抗衡。这并不是要贬低所有由文化决定的品质。孩子必须在某种特定的文化和具体、现实的道德框架中成长。因此，如果英国孩子在餐桌礼仪和礼貌原则上的教养大大地不同于日本或印度孩子，我觉得也没关系，只要这些不妨碍他们成长为自主的个体。

然而，如果自主性理想本身是受文化制约的呢？从某种意义上说的确如此。"自主性"并不是所有文化的普遍特征。从历史上看，它也许可以追溯到 17 世纪；从地理范围上看，今天世界上有许多地方不支持自主性。但根本问题是它是否具有客观合理性，打个比方，虽然某一种文化中的儿童实际上没有被培养为自主的人，但是有充分的理由证明他们应该成为具有自主性的人。

要证明自主性理想的客观性，就要重述我在本书中为之建立的论据。这就意味着研究个人福祉在非扩展的意义上和扩展的意义上分别意味着什么。显然这里不是对此进行重复的地方。诚然如果理论中某些观点存在关键性的错误，就必须对其进行修正，再基于它提出实际的建议。但是没有必要因此就全盘否定，不如保持其整体框架，对其中的缺陷进行修正。我会请读者自行判断哪些地方需要改进。

现在谈最后一点。我并没有声称各方人士会完全赞同我所提出的目的。如果客观性的必要条件是不存在争议，我就不能假装我的理论具有客观性。然而，不存在争议并不是一个必要条件。有些人依然认为地球是平的，但我照样能够声明，客观上地球并不是平的。不管怎样，如果在接受任何教育目的之前都力求达到普遍共识，我们可能会寸步难行。哪怕把"识字"作为目的，也未必能赢得每个人的赞同。大家可能会大致同意"基本技能"这一条，这是我们能够期望达到的最高的一致性了，除此之外几乎没有别的，但是，仅仅以基本技能为目标就是合理的吗？

不愿意接受本书提出的教育目的的人可能是非道德主义者或彻底的利己主义者，对他来说，道德是没有意义的，也是难以理解的。如果这个人问我培养孩子们优良的品德（如体贴）有何合理性，我不知如何给他一个不会有任何反对意见的万无一失的答案。但我不能因为不能理性地说服他而放弃自己的观点。我欣然承认，论证不能无休止地进行下去，必须在某处做出定论。如我之前所说的，我一直认为我的读者会赞同我的观点：一个人不能只关心个人的福祉，还要关心他人的福祉。在这一点上，我不诉诸进一步的、强有力的理由，而诉诸我们的基本生活态度，我认为我们都认同这种态度。

义务教育和终身教育

现在，我们回到"受过教育的人"以及他所具有的各种品质、知识和理解力上。我们如何把它们转化为学校教育的最终目标？比如，我们如何着手决定学生在 16 岁左右或完成义务教育时所应该掌握的最基本的知识，以及应具有的品质呢？如果我们能够得出这样的最终目标，我们就能构建出一个框架，在这个框架下暂时规划出次级目标，这样一来，孩子 5—16 岁的整个义务教育就能成为一个连续的整体。可以为不同年龄或阶段的孩子制定次级目标，并在更细的层次上根据次级目标在特定的学年或学期中开设具体的课程。相对于中央或地方政府，教师在决定这些最终目标和具体目标时起什么作用，我在此不做评论，这是另外一个问题。在此，我所关心的是我所论述的教育目的纲要能在多大程度上帮助我们建立一套有关学校教育内容的框架，使之作为下一层次合理规划的必要条件。

从好的方面来说，我希望我至少对一类批评者的观点进行了充分的反驳。这类批评者认为，将教育目的理论化是浪费时间，因为理论必须有一定程度的抽象性和模糊性，因而不可能兑现，也对学校工作没有实际帮助。在讨论"目的"的时候，我们不必永远停留在"幸福""个性"甚至"自主性"等概念上，我们还可以探讨更具体的意义，如在本章开头提到的对品质和理解力形式等各种萌生出来的描述，这种描述可以用多种具体方式来充实完善。

相对地，人们还要看到一个事实，即学校教育只是实现教育目的的一种途径。如果它是唯一的途径，那么从目的到最终目标到具体目标的过程会顺利得多。但由于事实并非如此，在目的和学校最终目标之间立刻出现了逻辑上的断层。我们需要了解学校在各种有助于实现教育目的的组织和机构中处于什么样的地位。只有这样，我们才能通过与其他机构所做的贡献进行比较，制定出学校的特定目标。

这些其他的组织和机构可能是什么，是下一章也是最后一章有关目的之实现所要探讨的主题。但是，为了讨论目的之实现，我们需要进一步探讨"受过教育"这个概念。学生什么时候可以算"受过教育"？他在生命中的哪一刻实现了教育目的？且不管如何理解"成熟"一词，可否说"成熟"的时候就算是受过教育了？将"受过教育"定义为一种人生较早阶段就能达到的状态，是不是错误的？如果把教育重新定义为一种"终身过程"，而不仅仅属于青年时期，我们就可以放弃"受过教育的人"的概念，因为没有需要跨越的分界线，教育的过程永无止境。

所有这些都与下一章的主题相关。如果教育全部属于或主要属于青少年，那么某些机构，尤其是家庭和学校，就很重要。如果教育是终身的过程，而青少年时期并不享有任何优先权，另一些手段就将变得更重要。

那么，什么叫"受过教育"呢？这个词及其同源词可以有不同的用法。在本书中，我用"教育"一词宽泛地指代"养育"，指为达到某种特定目的而进行的某种养育。不管这种教育何时终止，它的起始日应该是毫无疑问的：它从婴儿时期开始，并至少延续整个儿童时期。这种教育不可能完全推迟到成年时期才开始。每个孩子都必须得到某种养育，我认为这是显而易见的。同样显而易见的是，一个人的性格大致于幼年形成。在童年时代，人们就逐渐学会了不撒谎、不伤害他人、忍受痛苦与失望等等。我不知道这些品质和其他品质是否可能到成年时期才形成。即使这从逻辑上说是可能的，从心理学上来说也是难以置信的。如果这点成立的话，我所建议的教育的主要部分在早年就必须建立起来。假如从另一个角度来看教育，比如认为教育主要是为了追求知识或审美享受本身，那么早年时期就没有这种优先权了。这样一来，儿童时期可以（虽然没有必要）被看作教育的准备期，教育本身在成年后才进行。然而，就目前的教育观来看，事情不可能是那样的。

个体的概念图式的架构也必须及早进行。不能让孩子们到 18 岁或 20 岁才学习语言，同样，不能剥夺他们体验自然界及人类社会的权利，从而将他们获取与此相关的概念和信息的年龄推迟到成年。孩子们需要对他们的世界有个大概了解，应该保证他们对事物的理解不会错得太离谱，这就是为什么不能将整个智力教育和品质教育推迟到成年期的很好理由。智力教育和品质教育的主要内容必须在年轻的时候就确定下来。

如果不是一个新的闲暇时代的希望激起了人们对"终身教育"的广泛兴趣，所有这些将都是陈词滥调。在英国广播公司（BBC）的节目《有问必答》（*Any Questions?*）中，杰金斯（C. Jenkins）极力主张不要把教育看作生活的准备，而要把它看作一种生活方式。这样的说法很受人欢迎，但可能会导致困惑。不论如何，对在任何社会中的生活都必须有某种准备。如果你愿意称之为"养育"而不是"教育"，我不介意，因为重要的是概念本身，不是措辞。"养育"这个概念的本质特征在于，对孩子来说，它不是一种自发的过程。孩子不能选择是否愿意被养育，养育必然是强加于孩子的。如果有人采纳了我提出的那些目的，他所接受的养育将使他能做自由的选择。这是我理论的本意。但是为了这种自由，他必须先经历义务教育阶段（在"养育"的意义上）。

"终身教育"或"作为一种生活方式的教育"与"养育"有很大的不

同。前者一般被认为是自发的，这也只是在道德上站得住脚。在新的闲暇社会中，人们会有更多自主权，可以将很大一部分时间用在学习上。他们在"终身教育"中学些什么东西取决于这个概念的内涵，它可能仅仅包括以自身为目的的活动，或者更狭隘地说，以追求知识本身为目的的活动。它也可能包括职业再培训中的实用技能。但是，不论内容如何，它总是被认为是自发的。它的支持者谈论的是权利与机会，而不是强制。谈论权利与机会只是道德上正确。如果一个成年人说他不想被逼着继续学习，难道有任何充分的理由坚持让他学习吗？当然，在闲暇社会中，大多数人很可能都想学些东西，当学习占用了大部分时间的时候，我们可以称教育为一种生活方式（对这种人而言，未必对其他人而言）。但是，在生活中，除学习以外，人们还有别的事情可做，比如园艺、游戏、做蛋糕或聊天。有些人可能更愿意从事这些活动而不愿意学习新的东西。

那种认为不该把教育看作生活的准备，而应该将其当作一种生活方式，或至少认为它是一种终身的活动的说法之危险性在于，我们可能会模糊养育和成年后的学习活动两者之间的重要区别，养育不可能是自愿的，而成年后的学习活动，不管是文化上的还是职业上的，都应该是自愿的。这两者都重要，而且我不否认后者在将来会越来越重要，但是，将重心从养育转移到成年后的学习活动是不可能的。不管怎样，养育绝对是必要的。

虽然刚才的这种区分大致上是合理的，但还是太粗糙了。如果我们回到原来的问题（我所描述的教育何时终止？在人生的什么阶段我们可以说一个人算是受过教育？），我们就会发现这一点。

对上述问题一个迅速的回答是：当他获得了教育目的所规定的品质和各种理解力时。但这种回答未免太草率了，因为品质和理解力都有程度上的差别。一个人可能更有或更没有思想、洞察力和勇气。一个人对各种目的本身、达到目的的手段和障碍等的理解有多有少。那么，怎么样才能算一个受过教育的人呢？

133

对此，我们只能做一个大概的描述。要求他掌握的知识的最低限度由扩展意义上的自主性理想决定。比如，在"目的本身"方面，他对不同的艺术形式一无所知是不行的，因为这会限制他对人生规划的选择。但是要求他熟悉拉威尔（M. Ravel）的弦乐四重奏又有些过分：一个人必须了解一些音乐作品，但不一定是这个。

我们也许能够对主要的知识形式规定一个既不太小也不太大的范围。然而，这种范围通常是很难确定的。但有时候也未必如此。诚实这种美德就没有什么程度之别。我们当然希望孩子们学会永远说真话，除非在特殊情况下，他们认为其他道德原则凌驾于诚实之上。

受过教育的人必须把目的和手段整合到有道德的人生规划之中，对此我们持何观点呢？这里的最低限度是什么呢？考虑到这些难题，我们可能会得出结论：必须在此消除作为养育的教育和终身教育的区别，因为二者的融合永远都不可能完成。我们生活的重心在一生中不断变化，部分是因为我们对人生规划的不一致性进行了反思，部分是因为环境的变化，比如婚姻、家庭、疾病、年龄，以及经济条件、工作、世界经济条件等的改变迫使我们不断重新评价自己。因此，如果说受过教育的人有一个充分整合的人生规划，那么他不可能是 20 岁或 30 岁甚至 40 岁。在我看来，他的教育应伴随他一生，唯一令人满意的养育是终身教育。

尽管这个观点有重要性且有一定的正确性，它还是有些言过其实了。它似乎意味着，打个比方说，如果一个 80 岁的老人根据自己的年龄状况仍在调整自己的生活重心，他就仍然未完成养育。当然我们不必这么过分，我们可以认为，只要一个人根据前文关于教育目的的实质性论述中的各种考虑，形成某种清晰的人生规划，而且意识到要随着未来生活中环境的变化调整他的判断，我们就可以说他或多或少受过教育。这种看法并不精确。我承认，这仍然相当含糊，但是要判断一个按本书中所建议的方式养育的 30 岁的人是否或多或少受过教育，还是足够了。

当然，这只是一个例子，我无意以 30 岁或其他任何年龄为分界点。

一方面是因为无论对谁来说，明确的分界线都是不存在的，只有模糊的范围；另一方面是因为每个人学习的速度不同，有些人可能比另一些人迟一些达到这个模糊的范围，有些人可能永远达不到，但我们仍然认为他们受过部分教育，因为他们和其他人一样在同一条路上走了一段。

这一点如何与前面提出的养育不是学生自愿的这一观点联系起来呢？我认为，这一点表明之前提出的观点太粗糙，需要进行论证。衡量是否受过教育的"模糊范围"这个概念意味着，尽管为达到这个范围而坚持某些学习目标是合理的（事实上这种合理性确实存在），但一旦学生达到了这个范围，这种合理性就被削弱了。如果这时他称自己有拒绝接受进一步教育的权利，很显然，此刻的他比以前有更充分的理由。

另一种考虑是，以下两个原则之间可能存在冲突：一个原则是，每个人都应该成为一名受过教育的人；另一个原则是，每个成年人都应该有自由按照他自己认为合适的方式来生活，除非他的行为对他人有害或者在某些情况下对他自己有害。如果一个人达不到这个模糊范围，或者要到比如 30 岁才最终达到这个"模糊范围"，冲突就产生了。难道要坚持要求他在此之前一直接受监护吗？普遍教育的原则认为如此，普遍自由的原则却反对如此。有人可能会说，自由原则不是绝对的，如果对自己或别人造成危害这一点就可以否定这种自由的话，那么，只要能够证明其教育的不足在这种意义上是有害的，我们就有充分的理由要求他要接受教育到 30 岁。但是，仅仅说明将产生某些危害是不够的，比如，我们不会禁止人们吃过多的高脂肪食物，但我们也许会禁止人们在醉酒时玩弄上了子弹的左轮手枪。我们必须衡量可能造成的危害的程度。只有当一个人因为所受的教育不足而导致巨大危害时（不论如何定义巨大危害），人们才有充分的道德理由要求他在学校或类似的机构中待到 30 岁。也许在某些情况下，比如面对可治疗的精神病人时，社会有理由将他们留在专门机构中继续受教育至某个年龄。但是在许多其他情况下，自由的原则可能更加重要。

模糊范围的存在以及与之对立的自由原则这两者之间的矛盾要求区分

"义务教育的结束"和"受过教育"这两个概念。对某些学生来说，二者可能恰好重合：随着义务教育的结束，他们就成了受过教育的人。一些特别优秀的人可能在此之前就已达到这个目标。在这种情况下，对于任何要求他们在学校再学习一两年的法律规定，他们都有充分的理由要求不要强制执行。

大多数学生也许在义务教育结束后仍不能达到所谓"受过教育"的水平。（但我并没有说义务教育应该何时结束。事实上，它受经济和其他条件的制约。目前在英国是 16 岁。这是否是合理的？如果不受任何条件制约，又该如何决定呢？）超过某个点后（这个界限未必非常精确），自由的原则不允许我们继续强制人们接受教育，但是"受过教育"的原则也同样不允许我们对此袖手旁观。如果成为受过教育的人是好事，我们就有充分的理由鼓励他们，但不是强迫他们朝那个方向发展。相对于义务教育之后的再教育应该建立在自愿基础上的观点，这一观点更进一步。例如，它可能意味着提供时间和资金上的激励，让年轻工人学习某些课程或进行自我教育。它也可能意味着通过媒体重塑传统的社会期望，从而使得接受完全意义上的教育成为合乎时宜的事情。它意味着发展以下机构并服务于更多的人：就业指导中心、婚姻咨询所、医院社工、姜饼组①、克鲁斯（Cruse）丧亲援助与支持机构、精神科服务中心等等。这些机构能够帮助人们对自己的生活进行整体的思考（有时候在重病、离婚或失去亲人之后）。我们不仅要加强这些机构，还要将它们重新定义为具有"教育性"的机构。从这个角度来看，义务教育阶段能够为建立一个连贯的人生规划打下基础，同时它还强烈鼓励人们在这个阶段之后，在必要的情况下借助正式或非正式的教育机构不断重新思考和修改这个规划。

"义务教育"的结束并不一定意味着"学校教育"的结束。目前英国

①　姜饼组（Gingerbread Group）是英国为单亲家庭提供帮助的慈善组织，它提供机会让单亲家庭聚集在一起，结识新朋友，互相支持。参见 https://www.gingerbread.org.uk/community/single-parent-groups/what-is-a-group/．——译者注

规定的离校年龄为 16 岁，但是早在第一次世界大战时就有立法（1918 年的教育法案）规定，非全日制继续教育延续至 18 岁。后来，它在战后的经济紧缩中被搁置了，但是它为我们现今的思考提供了一个可能的模式。我们可以设想把全日制义务教育调整到 16 岁或更晚，然后实行一段时间的非全日制义务教育，在此之后，由政府大力鼓励人们自愿继续进行个人教育。但这并不是"终身教育"，因为它的目标是造就受过教育的人，而这个目标在青年时期就可以达到。更进一步的自愿的成人教育以及为更高年龄组提供的工作再培训可以补充到这个基础教育规划中来，但是，尽管它们的目标很重要，也不应该与基础教育的目标相混淆。

不同的学生要有不同的目标吗？

前文对受过教育的人的描述理所当然地假设受过教育这种状态对所有学生来说都是同样的。这一假设背后的原则是分配资源时不应该区别对待，除非有相应的理由。在本书的前几章中，我在多处提到目的应有所区别：如第 2 章中关于有闲阶层和精英的内容，第 3 章中关于鼓励个体差异的内容，第 5 章中关于柏拉图的公民素养理念的内容。在这几个例子中，没有一个能提出令人信服的区别对待的理由。

对普遍统一的目的体系的最强烈的反对基于两个理由：一是个人能力，二是资源。就个人能力而言，我没有发现有任何证据表明受过教育的标准设置过高，以至于绝大多数学生都达不到。只要义务教育阶段是整体规划的，而且为有需求者提供了像学前教育这样的补偿教育，这个目标就是大多数学生力所能及的。我曾经强调过，受过教育是一种界限非常模糊的状态，所以不能指望所有的人在离开教育系统时达到同样的教育水平，尽管他们都能够达到某种基本的最低水平。我已经对宣称能力存在差异而反对统一的目的这一观点大致进行了反驳。假如能够证明某些学生智力的

137

天花板很低，以至于达不到受过教育这种状态所要求的相对简单的目标，那么天花板论可能很有说服力。但是我在前面已经反驳过天花板论。

对于所有孩子应该毫无例外地具有相同目的这一点，我最没有信心的是严重智力低下这一方面。有关特殊教育需求的《沃纳克报告》（The Warnock Report）（Her Majesty's Stationery Office，1978b）坚持认为，"教育目的对所有孩子都一样，目标是相同的"，尽管该报告承认，对某些孩子来说，主要目标之一——离开学校后成为社会的主动参与者——"可能永远无法实现"。我认为这一点让人困惑。要使其不那么令人困惑，倒不如允许违背目的普遍统一的原则，至少允许一小部分能力有严重缺陷的孩子，比如学不会说话的孩子，或其他一些孩子，不遵从统一的目的。（天花板论是否适用于极度残障的儿童是一个有意思的问题。这些儿童的智力似乎确实存在天花板，比如由于脑损伤，试图让他们学会任何东西的努力总是归于失败。当然，下一次努力也许从理论上来说能成功，但是，对一个没有语言能力的孩子的教育总是有限的。对于正常的有语言能力的孩子，我们可以尝试无限多的变化。这就是天花板论对他们来说不甚适用的原因。）这并不一定意味着教育目的可以有所区别。相反，人们可以认为严重残障的儿童是不可教育的。我不打算在这个问题上表明我的立场。看起来合理的一点是：本书所建议的教育目的可能不适用于所有儿童，而最多只能适用于几乎所有儿童。

如果考虑到能力方面的另一个极端，是否会进一步削弱目标统一性原则呢？受过教育所要求的目的对于敏捷而有天赋的学生是否足够呢？虽然我在第 2 章和其他地方关于卓越的论述中讨论过相关问题，但我知道许多人对此仍有很多的保留意见——通常是非常重要的保留意见。有时，教育目的应该统一的提议往往被理解为按相同的程序教育孩子，或在课堂里给孩子们同时上同样的课程。混合能力教学有时就是基于这种原因并按这种方式组织的。于是，家长和其他人往往会抱怨聪明的孩子被拖了后腿，继而拥护对不同能力的孩子进行不同的教育，从而达到不同的目标的观点。

138

但是这场辩论的正反双方都持一个共同的不正当的假设，那就是：有什么样的目的，在课堂里就会有什么样的实践——相同的目的对应相同的课程，不同的课程必然有不同的目的。没有理由认为目的应该和课程捆绑在一起。人们往往愿意认同反应敏捷和知识丰富的孩子要学习的东西不同于其他人。一方面，从逻辑上说，一个人不能学习他已经懂得的东西；另一方面，如果我们希望每个孩子不断学习新东西，就没有理由经常让一个已经懂得 X 的孩子继续待在以 X 为学习目标的课堂里，除非为他提供了特殊的学习内容，达成其他相关的学习目标。当然，许多混合能力教学正是建立在后面这种个别化学习之上的。但是持"聪明孩子不该被拖后腿"的观点并不意味着要为他们设置不同的最终目的，至少有两种方法可以把他们纳入同一目标体系。一是允许他们在达到预定目标之后提前结束他们的义务教育，我在本章开头提到过这种可能性，比如采用"跳级"的制度，但也可能经由其他方式。二是在义务教育体系之外开设足够多的自愿性活动，让那些想学习超出义务教育范围的化学、历史或其他知识的学生，或想学习根本不在义务教育体系之内的东西（如弹竖琴）的学生有机会实现他们的愿望（这是支持自愿制度的原因之一，下面我将进一步阐述）。

能力差异并不是支持不同目的的唯一理由，还有一个理由是资源稀缺。假设一个非常贫穷的国家要建立一套教育系统，它可能太贫穷，没办法使所有人都接受前面所建议的最低程度的教育，只能给百分之二十的人口提供这种机会。在这种情况下，至少是短期内，教育可能只是精英的特权。（我说"可能"是因为在更明确地这么说之前，还有许多东西要进行论证。）如果英国（打个比方）也是资源稀缺的国家，那么它也无法提供普及的教育。有些因此而支持筛选制度的人确实是这么说的，但这似乎是只谈有利于自己的观点的诡辩。事实上，我们每年已经对不同层次的教育投资了数十亿英镑。如果我们的目的更加明确，系统内各部分之间协调得更好，即使每年不增加在教育上的投资，我们也会更接近目标。在第 7 章中，我将论述许多大学本科的教学事实上是没有教育意义的。如果学校教育，包括学前教育需要更多的资源，我们就有充分的理由把资源从"高等教育"中转移过来。除了重新调整整个教育预算中的优先事项，以及重新分配政府的整体支出，比如将经费从国防领域调拨到教育领域，如果还需要更多的资源，我不相信英国没有能力承担。某个周六下午，我参观了位于白金汉郡的沃德斯登庄园，现在这个庄园由英国国家名胜古迹信托所有。我欣赏了罗斯柴尔德（F. de Rothschild）的艺术珍品和其他收藏品，度过了一个引人入胜但令人疲惫的下午。全英国有上百个私人所有的沃德斯登，有上千个小规模的沃德斯登，有成千上万遍布全国的微型沃德斯登。我们并不缺私人财富——不管是不动产形式的，还是存在于银行账户中的。如果我们想将其中的一部分用于为每个人提供良好的基础教育，资源就在那儿。当然，是否每个人都希望这样利用资源则是另一码事。

第7章 教育目的之实现

关于在实践中如何实现教育目的的比较全面的论述将包括很大一部分教育理论，既有一般性理论也有专题性理论，甚至还不止这些。我不奢望本章能完全解决这个问题，但是我也不希望完全不提如何尽量让我们的讨论落到实处，而任其悬而未决。我只能做一个说明，给出一个大致的样貌。有人可能会对此不满意，因为归根结底，实用性才是最重要的。如果不知道如何把它们变为现实，那么即使有一套正确而吸引人的目的，又有什么用呢？对此我完全同意。所有这些极为重要的事情还有待我们去做。本章的分析至多只是一个绪论而已，但某种形式的绪论却是必不可少的。

只对总体情况做一个概略性的描述可能确实有些好处，因为这使我们更注意事物的结构特征及其主要元素。它有助于我们从尽可能广泛的角度来处理实际问题，从而尽可能避免由于考察问题过于偏狭而忽视某些实现教育目的的方法。下面我将对这一点进行说明。

社会经济条件

我已经论证过，教育的中心目的应该是使学生成为道德自主的人。这一目的之实现取决于各种必要条件，首先，最明显的是，学生必须具备某种能力和品质，但也需要其他条件。只有当生活不愁温饱，所有人都有充足的物质保障、卫生和教育服务、良好的工作条件、休闲机会时，这一目的才可能实现。换句话说，除了学生的智力成就或其他成就，必要的经济条件和其他条件也很重要。这点可能是老生常谈，但是它强调了前面几章多次强调的东西，即教师（包括家长）不应该认为他们的工作是独立于更广泛的社会生活的。作为教师，他们对整个教育目的的主要贡献自然与学生的能力和品质有关，但是，如果他们真正关心整体目的，他们也应该关心其他的必要条件，如经济条件。从这点可以推断出，对教育的兴趣不应该脱离对政治的兴趣。

这印证了我刚才提出的观点，即对教育目的之实现的整体把握有利于避免狭隘性。教师主要从专业角度关注一些必要条件，如学生的思维状态，这是自然的，也是正确的。但是他们只考虑这些也是不对的，因为还存在一些与教学无本质联系的其他必要条件。他们也必须考虑那些条件，不仅仅是作为教师，也作为公民。一般来说，不是教师（同样，这里的"教师"包括父母）的普通公民可能与培养学生的能力或品质没有任何直接关系，但他们可以通过政治活动或其他活动来促进教育目的之实现。教师有两种途径可以选择。（教师当然可以把专门的教学工作部分看作培养学生特定的能力，这种能力有助于创造非教学方面的必要条件。比如，在发展中国家，普及更扎实的农业知识有助于提高社会生活水平，使其超过温饱水平；在我们的社会中，学校能在维持和加强经济基础方面发挥作用。）

实现教育目的之主要途径

具备了充分的社会经济条件后，有哪些教育手段能够促进这些目标的实现呢？

社会风气与教育目的

答案之一是整个社会的风气，它与学校及其课程所起的特殊作用迥然
不同。一般来说，社会制度有助于个体意识和道德品质的形成。这一洞见
早先与希腊人有关，在现代则经常与黑格尔和马克思联系在一起。一个社
会的法律、政治体系、新闻媒介、工业组织、家庭和社区生活的惯例与习
俗等等都是或好或坏的潜在教育力量。

如果看一下我们自己的社会，我们会发现它的制度在很多方面都需要
改进，以便促进而不是阻碍我所提倡的教育目的的实现。从很广的层面来
说，一些有影响力的道德标准显然与教育目的相抵触，比如许多宗教人士
信奉的权威法则和第 4 章批判过的最低限度道德观。除了正式的教育机构
外，还有其他与这些道德标准斗争的方式，比如文学就可以是一个有力的
武器。狄更斯的文学作品对 19 世纪中期社会的贪婪和冷酷的批判就是很
成功的例子。新闻记者和编辑、电视制作人和编剧本身更具人文道德意识
也会对社会有所帮助，目前他们中太多人过于迎合传统的道德标准，尤其
是最低限度道德观。这种状况是否能通过媒体内部改革改变，还是只有通
过施加外部压力才能改观，还很难说。

关于普遍的道德态度有许多可谈的，但由于本章仅仅是概述，让我们
转向与之相关的更具体的观点。我们社会有一种根深蒂固的观点，认为智
力成就高的人应该比其他人获得更高的收入。这个观点没有理性基础，它
只是一种惯例。它的反教育作用不难看出：学校孩子们在家长的压力下拼
命苦读以通过普通水平或高级水平考试，希望将来能借此获得收入丰厚的
工作。正如我在前几章中所论述的那样，他们的教育目的错位了。

第二种传统观念是，工作机构必须按等级制组织，级别高的对级别低
的发号施令。这个观点不断被强化，与个人自主的要求相抵触。正如那个

能力/收入的例子，如果在一个社会中，工作单位的组织方式与学校辛辛苦苦培养起来的态度完全矛盾，那么这个社会的组织方式就是不合理的。

第三个例子是工业、广告和大众传媒所展示的以消费者为中心的美好生活。孩子们从中了解到拥有许多物质财富是一件好事，知道有最时髦的东西是一件好事，懂得同类产品的细微差别很重要。在前面关于个人福祉的论述中，我丝毫没有反对学生看重这些东西，他们是否追求这些东西最终取决于他们自己。然而让人担心的是，来自电视、家庭甚至学校操场的影响，给他们很大的压力，使他们很难不接受这种观点。这种关于美好生活的想象占据如此主导的地位是"反教育"的，它违背了让学生在广阔的范围内自主选择生活方式的要求，因为许多选项都有被排除在外的危险。

为使社会风气不与我们的教育目的背道而驰，必须改变社会风气，改变它在这些方面，并且毫无疑问还有其他一些方面的表现。必须切断能力和收入间的关系，引入更合理的收入分配方案。目前，那些要求更高智力成就的职业通常也更有趣味，即使它们对应的收入比现在少，那些有能力胜任的人很可能还是会愿意去做。这种职业回报的安排方式是很合理的，不同职业带来不同回报，在这里，回报不仅指金钱回报，还包括闲暇和内在满足。在理想情况下，这样的安排使艰苦而不愉快的工作比那些具有内在满足性的工作有更多的闲暇，从而使所有的工作都有助于提升广义上的个人福祉，而这是本书所提出的教育目的的重要组成部分。这样的安排全然不同于我们社会现有的安排。在现在的社会中，有的人，通常是最有才智的人，总能得到在各方面回报都很高的工作，而其他人，如果他们有就业机会的话，只能凑合干着低收入、不愉快、闲暇少的工作。如果我们要严肃对待本书所谈的教育目的，就必须改善第二种人的命运。

为了抵抗职场等级制度对个人自主性，包括道德自主性的威胁，建立一个更民主的体制非常重要。参与式民主有助于增加参与者对他们的工作单位的理解，并鼓励他们养成自主的道德决策的习惯，从而达到对整个社群的教育。我认为，理想的工业民主不会如传统的工业组织那样以狭隘的经济目标为前提，而是把工业和大众传媒当作实现更广泛的社会福祉的手段。

此外，必须找到某种方法来与高消费、时尚导向型生活理想的主导地位相抗衡。至于可以做些什么，我还没有任何十分确定的想法，但是收入分配改革和劳动民主化也许会有所帮助。收入分配改革可以削弱金钱财富在美好生活构想中的突出位置，劳动民主化可以使在大众媒体和广告领域工作的人不再受工业企业主的控制，从而对公众更加负责，使传媒工作更好地服务于更符合道义的目的。

有许多使社会风气与教育目的一致的方法，以上列举的只是其中三个例子。它们可能涉及也可能不涉及立法行为，但不管怎样，它们都要求某些政治上的参与。和以前说过的一样，所有这些都强调教育进步不应被看作一个仅仅与学校、教师、学生有关的独立的过程，它与工业、政治和其他社会制度的进步紧密相连。这个要求比本章开头所提出的类似的要求更具体。在本章开头，我只是提醒家长和学校必须关注工业领域的情况，因为要实现教育目的，不仅要满足教学条件，还要满足物质条件。在这里，我想说的是，即使某人将自己限定于教学条件，他也有进一步的理由关心工业等方面的情况。换句话说，如果教师们以我所倡导的学生智力和道德上的成就为目的，那么不关注其他机构能够做些什么来达到同样的目的是不合理的。如今教师们经常抱怨，也有充分的理由抱怨竞争性的、实用主义的工业社会风气与他们试图在学校中培养的态度背道而驰。但是将学校看作一个真善美的堡垒，认为包围它的社会打算破坏真善美，因而进一步将学校与外部世界割裂，也不是办法。面对学生越来越受到社会价值观念影响的现状，如果教师不想使自己的工作付诸东流，他们就应该担负起一项特殊的责任，使自己不仅关注公共事务，还要采取某些政治路线。他们应该支持任何改变"反教育"的社会风气的行动。这并不是说他们必须持有激进的政治观点，而是说教师不能只埋头于实数世界或哈代（T. Hardy）作品中的世界，宣称政治应该被排除在教育之外。

校园风气与学校课程

当我就从多方面改变学校课程的必要性问题向教师们发表讲话时，总会引起一两个听众的反驳："不改变社会就无法改变学校。"我上面论述的大意看上去与这种熟悉的说法是一致的，但只是在某种程度上一致。不错，仅仅改变学校是不够的，社会也必须改变。但这并不意味着由于学校必然反映社会现状，所以改变学校的唯一途径是所有教师参与一场全面的变革，而仅仅试图改变学校的做法毫无意义。按这种说法，在对整个社会进行变革之前，任何社会机构都无法进行变革。这可以直接得出一个结论，即在变革发生之前，我们最好顺其自然。那么，我们究竟能做什么呢？

学校改革是帮助实现教育目的的一种途径，它应该与工业结构等领域的其他社会变革相配合。但即使其他方面的进步缓慢或根本没有进步，也并不意味着学校自身无可作为。除非十分极端的社会决定论是正确的，否则就不能排除学校自身进行改革的可能性，然而似乎并没有充分的论据来证明社会决定论的正确性。学校可通过两方面来实现教育目的，一是通过校园风气（ethos），二是通过课程设置。

在讨论这些之前，我想先谈谈本书中关于目的的一般论述与当今英格兰和威尔士的学校系统具体是如何联系起来的。

146

直到最近——在某些地方现在仍然如此——我们一直采取选拔性的制度，这个制度为不同类型中学的孩子设计了不同的目的。文法学校在很大程度上恪守"为知识本身而追求知识"的传统，但是文法学校的学生、家长和教师都在不同程度上意识到了优异的学业成绩所带来的职业上的好处：它引向大学教育，而大学教育是专业生涯的入场券。现代中等学校的目的没有这么明确。和它所替代的初等学校（elementary school）一样，它面临着一些压力，这些压力要把它改造成一种工具，通过设置实用性课程，或面向工业领域的课程，以及建立一种非常贴合企业要求的服从权威的校园风气，引导大多数孩子接受体力工作或低级的工作。与此同时，更多人文性的影响也在发生作用，即呼吁内在目的而不是实用性目的，但是这里的内在目的指的是从事各种实用美学活动，据说它比文法学校的学术活动更适合现代中等学校孩子的能力。第三种影响是这些现代中等学校试图通过模仿文法学校来改变它们二流学校的形象。因此，前面所描述的文法学校的目的已开始影响现代中等学校。

小学（primary school）的教育目的则倾向于往一个或两个方向发展。有人认为他们的中心任务是打下坚实的基础，其他人则允许孩子个性自由发展。这两种目的都不一定与 11 岁以后的选拔制度相抵触。

与国立学校共存的还有独立学校，包括公学。在这里和在文法学校里一样，"为知识本身而追求知识"是主要目的，与职业目的交织在一起。领导力教育也是一个重要特征，尤其是通过非课程性活动或"隐性课程"所进行的领导力教育。

如果详细探讨的话，现实无疑是复杂而令人困惑的，此处只是一个非常粗略的描述。它省略了一件非常重要的事，也就是在各类学校工作中普遍存在的各种宗教目的。

综合中学是在形形色色的目的中发展起来的。在很大程度上，这些学校受到过去情况的影响，这并不奇怪，因为它们中有许多是文法学校和现代中等学校的混合体，他们的教职工也是由早就习惯了选拔制度的教师构成。在许多综合中学中，选拔制度事实上一直存在。同时，一些其他的综合学校设法为自己和他人寻找新的目的体系，使其更符合人人平等原则和开创综合教育思想的初衷。在很多情况下，这些变化的方向也是这本书的方向——从不同目的走向共同目的，从过分注重以知识本身为目的走向以个人自主以及为在不同层次上参与民主过程做准备为目的。如果本书能特别帮助，但不仅仅是帮助综合中学的教师确立这类新目的，它就算达到目的了。〔对此，我必须特别小心。我在以前写的《走向必修课程》(*Towards a Compulsory Curriculum*) 一书中说过类似的话。当时我大胆而自负地将其作为左翼课程政策的指导原则向全世界推荐。但唯一与我就此观点通过信并且看上去喜欢这个理论的政治家是基思·约瑟夫爵士 (Sir Keith Joseph)。〕

（1）风气

我不准备就校园风气做详细论述，因为一旦进入细节，就要考虑实际情况，而一考虑实际情况，就不能只用到关于基本目的的理论论据。但理论确实为我们指明了某种方向，确实帮助我们认识到学校应该是什么样的，不应该是什么样的。当然，具体学校会有其独特的地方，因而会有更明确的标准，这些标准要被补充到一般性的标准之中。

毫无疑问，如果一个学校的教师队伍在教育目的上达成一致并齐心协力为之奋斗，学校就更容易实现其教育目的。而今天的学校恰恰缺乏这种共识，因为教师们通常是在不同的教育传统下成长起来的，有些教师认为所有目的都必须是内在的，另一些教师则更强调对职业的益处或社会服务，还有一些教师持进步主义观点或出于其他原因，认为对孩子们施加任何目的都是不道德的和"反教育"的。没有达成共识的学校从表面上看也可能是秩序井然的，也可能也会有某种共同目的，即从各种不同观点中找到最大公因子 (highest common factor) 构成共同目的。但这种做法的风险在于，教师们越来越遵守共同目的，而越来越少将工作与更根本的目的联系起来。教师只有心中有这些目的，才能与同事互相配合，产生共同的目的；各种原因表明，理想的情况是教师认真思考过这些目的，并在根本上达成一致。不仅教师需要这种理性的合作来实现他们的目的，学生，尤其是年长的学生也能从这种理性合作中受益。如果在学校组织过程中反复强化这一点，学生就能更清楚地理解学校教育是怎么一回事。学校组织方式本身就可以是一位"教师"。它确实可以。但是它也可能是一个迷惑者，让学生不明白他们为什么要来上学。

148

学校的组织方式必须是合理有序的，但不是什么方式都行。一致性可以通过权力等级中上级对下级施加压力达成，也可以通过民主的方式，由具有自主性的道德主体进行理性讨论达成。教师是孩子的榜样，他们的为人和言行在无形中教育着孩子。如果教师被动地接受他人的命令，这可能会影响孩子，让他们觉得一个人就应该这样行事。这与我所主张的自主性目的相抵触，这里没有必要反复解释。如果学校组织是为了促进教育目的的实现而不是阻碍它，那么只有一个解决方法：教师自己必须成为他们期望学生所成为的那种受过教育的人的榜样。他们也必须是具有道德自主性的主体，他们做他们所做的事是因为他们经过思考认为这样做是正确的，而不是因为权威让他们那样做。学校，和其他任何工作场所一样，必须是参与式的民主机构，至少在员工中是这样；如果不这样，不论它的目的有多么接近理想，它自身的组织都会阻碍它实现目的（White, 1981）。

这是否意味着要取消目前这种等级结构，特别是校长的职位，还需要进一步讨论。我只想补充一点。正如现实所展现的那样，具有讽刺意味的是，学生经常是在学校中第一次领略到地位的重要性：许多聪明的5岁小孩在启蒙班待上一两个星期，就能完全熟悉小学里的等级次序——从校长到副校长，到年级主任，到任课教师以及他们的兼职助手。当然，学校需要有效的组织方式，但是应该有其他的方法，而不是强化这种小孩很容易学会的权威等级，教师的伯纳姆薪资级别①越高，学生就认为其权威等级越高。

同样毫无疑问的是，任课教师和学生之间因地位而形成的后者对前者的服从关系也必须被抛弃，让专制的教学方法无处容身。当然，这并不是说教师可以让学生放任自流，这又会强化另一种不受欢迎的论调，即一个人的福祉在于欲望的即时满足。教师要完成一个特殊的社会使命，使孩子

---

① 伯纳姆薪资级别，名称来自伯纳姆勋爵（Lord Burnham）。1919 年，他带领一个委员会设计了小学教师薪资体系，后来这一委员会又受命设计了中学教师和继续教育教师的薪资体系，统一了全国的薪资级别。参见 https://www.oxfordreference.com/view/10.1093/oi/authority.20110803095537116.　——译者注

们成为有才智、有见识、自主的道德主体。他们不必担心把学生引入某种形式的知识和行为之中就是将自己的主观价值强加于学生。他们是孩子们的解放者，不是他们的看守者。但是，他们知道或应该知道孩子们必须通过一些途径才能获得自由，而孩子们并不知道。

（2）课程

虽然对校园风气的论述很简要，但下面我们还是要转向对课程的同样简要的论述。什么样的课程最适合于实现我所提出的教育目的呢？首先，我们必须区分最终目标和学生在达到这些目标的过程中所学的具体课程。最终目标指在某一阶段结束时，比如 11 年义务教育结束时，我们希望学生达到的成就。同样的最终目标可以通过多种不同的途径达到，比如对基本经济概念的理解可以来自经济学课程，也可以来自历史、时事，或有关当地商店和工业的一系列项目。我们越是从讨论最终目标应该是什么走向讨论具体课程应该怎么样，我们就越不能抽象地进行规定，而必须了解有关的各种事实，如孩子的能力与兴趣，现有师资的优势和劣势，等等。但是不考虑这些细节来谈最终目标也是可能的。

正如我们所见，本书所建议的目的并不是与任何一套最终目标都匹配，而是制约着最终目标。如果说目的可以具有强大的威力的话，那么这些目的确实具有这样的威力：它们不至于因华而不实、包罗万象而导致空洞。也许它们最突出的特点是其广泛的理解力和博大的同情心。在此，我们再回顾一下第 6 章开头所说的受过教育的人所应具有的种种美德和知识。

我们究竟应该在多大程度上依赖学校的课程而不是其他教育手段——学校风气或社会风气、中学后教育机构（post-school institutions）①、家庭等来实现我们的目的呢？

150

---

① 本书中的"school"在一般情况下指中小学，翻译时根据上下文翻译成学校或中小学。"post-school institutions"指的是中学后教育机构，包括大学、继续教育机构、职业培训机构等等。有的时候根据上下文也将"post-school"翻译成中学毕业后。——译者注

很难抽象地说明这个问题，但是有几点必须记住。首先，在本书中，当我们在这种上下文中谈"学校课程"时，我们指的是在义务教育结束时，通过课程学习必须达到的一系列强制性的最终目标。这里的强制性目标是指所有孩子都要达到的目标。（是否仅仅是学校自身坚持这点，还是有另一个机构，比如政府，坚持要求学校坚持这一点，是进一步的问题，在此可以暂不考虑。）事实上，并不是所有的学校课程都服务于这个意义上的强制性目标。同样重要的是，我们应该问学校应该在多大程度上安排与强制性目标无关的教学活动，比如纯粹自愿性的活动，或针对不同的孩子有不同目标的活动。我们稍后会回到这个问题。同时，我们聚焦于所有孩子在学校教育结束时要达到的强制性的最终目标。现在的问题是：我们必须在多大程度上依赖这些目标，而不是用其他手段来帮助我们实现教育目的？

我们之所以很难抽象地判断学校课程所做的贡献，是因为我们不清楚学校教育和中学后教育机构之间的教学工作是如何分配的。在第 6 章结尾，我曾建议恢复过去那种中学毕业后的非全日制义务教育，在非全日制学习之后由官方鼓励人们自愿接受教育。如果我们对此持赞同态度，那么我们就可以通过做减法来确定学校的最终目标，这样做是合理的。人们清楚中学后教育对实现整个目标所起的作用，同时它能确保学校不做重复的工作。从理论上说，如果我们忽略中学毕业后自愿接受的教育而仅仅考虑义务教育，那么我们的分析会更容易一些。比如，我们可能会认为（这只是举例说明，不是建议）有见识的公民所具备的关于社会经济实际运作的许多知识最好在中学毕业后的非全日制课程中学习。假设我们知道这些是必修课程，就没有理由坚持让学生在中小学学习这些知识。中学毕业后自愿接受的教育，比如成人教育、继续教育或者高等教育，使问题复杂化了。假设我们知道百分之九十五的人很可能会利用这种学习机会，我们就有充分的理由不坚持要求他们在中小学完成他们以后要做的事情。但是，这预设了他们在孩提时代就知道长大成人后会学习艺术、科学、政治或其他东西。由于这个假设条件不太可能得到满足，我建议在这种情况下，我们可以忽略中学毕业后自愿接受的教育所起的作用。

事实上，英国也没有强制的中学后教育，因此我们现在可以忽略它。在考察各种类型的教育课程为实现每个人的目的所做的贡献时，即创建一个人人受过教育的社会时，我们唯一需要考虑的课程是学校提供的课程，因为我们只能对在校的学生实施这些教育性课程。课程不同于风气，我们可以期望通过课程达到教育目标，但如果要求学生在 16 岁就达到那些教育目标似乎还是太早了，这就会使我们重新考虑非全日制继续教育的可取性。

在某种程度上，同样的原则也适用于比较学校课程和学校风气的相对重要性。我们在此一样可以使用减法原则。如果我们有合理的保证，学校风气或更广泛的社会风气能够满足教育的某一部分要求，那么，在学校课程中不重复这部分是明智的，这可以让学校课程集中精力做那些其他机构不能做的工作。比如，如果所有的工作机构都是参与式的民主机构，那么有关参与式民主的许多必要的教育任务就可以推迟到学生就业以后。然而，在实践中，如上面所说，我们经常发现社会风气与教育目的是背道而驰的，这不仅体现在民主问题上，还体现在消费主义、收入分配和普遍的道德态度等方面。这意味着做加法，而不是做减法。现在，学校有更多而不是更少的工作要做（包括课程和校风）：不仅要直接为实现教育目的而努力，还担负着抵制其他机构和普遍文化氛围误导性教育的责任。

鉴于这些比较抽象的有关学校课程和其他机构的观点，还有什么更明确的内容可以说吗？如果篇幅允许的话，还有无数的事情可以说，但在这里我只简要讨论一两点。

首先，在像我们这样的社会里，学生离开学校后不再接受强制的教育，而社会风气又普遍是"反教育"的，所以学校的负担很重，尤其是在学校课程方面（我只是暂时忽略家长的贡献）。课程过分繁重的问题现在仍然存在，因此，在考虑应该把什么纳入课程目标时，我们应该稍加小

152

心，确保必不可少的因素不被遗漏，无关紧要的因素也不至于渗入。

这听起来似乎像是提议建立"核心课程"或者课程的"保留区域"。自 1976 年英国教育"大辩论"后，英国政府中的两派都一直极力主张这一点。但实际上，我们的建议与之非常不同。

"核心课程"这一提议确实体现了它所谓的对每个孩子都是"基础"这一点，但是，这里的"基础"这个概念是非常狭隘的。尽管工党的《学校教育》绿皮书（Her Majesty's Stationery Office，1977）和保守党的《学校课程大纲》（Her Majesty's Stationery Office，1980）这两份主要政府文件都使用了"基础课程"这一概念，并且纳入了一套相当广泛的教育目标，认为这些目标对所有学校都很重要，但是在决定"核心"应该是什么时，却淡化了其中很多目标。在这两份文件中，核心课程最终主要集中在英语、数学、科学和外语上。（在 1980 年的文件中，宗教和体育也是必不可少的。）虽然看上去这一政策明显与过去五六年来官方就学校为英国工业复苏所能做的贡献的许多声明是如出一辙的，但是两份文件都没有说明为什么要集中在这几门课程上。

这种观点认为，孩子教育的"基础"等同于工业需求的基础，但是，当谈到这样的"基础"时，我们要特别谨慎。这一概念有不同的用法，有些用法可能伴随着不良后果。在第 6 章关于受过教育的人的描述中，我详细说明了受过教育的人应该具备的品质和理解力，我论证了在我们这样的社会中，学校课程在实现教育目的的过程中必须扮演重要角色，由此可以引申出，学校的最终目标在很大程度上必须围绕这些目的。这一系列的成就可以说是对受教育者的"基本"要求。之所以说它基本，是因为它是"受过教育"的必要条件。如果一个人被养育大，却不具备这些要素，缺乏各种美德，缺乏对构成美好生活的种种可能因素的广泛理解，或缺乏对参与式民主的理解和相关品质，如果他缺乏这些或其他一些条件，他就不可能成为受过教育的人。从另一方面来说，如果他确实达到了这类目标（这里列出的并不是全部），那么就有理由下结论说，他的教师已无须再做什么。将这些要求放在一起，就构成了充分与必要条件。

英语、数学、科学和外语这些"核心"课程在哪些方面是"基础"的呢？它们是儿童教育的必要要求吗？要马上回答这个问题是不可能的，因为"核心"课程只包括"科目"，而不是我们所理解的最终目标或次级目标之类。但是我们可以假设"核心"这一概念可以转化为目标来讨论，基本的要求大致有读写能力、计算能力、对科学尤其是其技术应用的基本理解、一定的外语读写能力（因为大纲只要求两年核心课程，所以目标必须定得很低）。

不管"核心"课程是以工业为导向，还是作为以学生为中心的教育的一部分，很少有人会否认大多数目标的价值。孩子们确实需要学会读写、计算和基本的科学知识，对于外语异议可能多一点。就我个人来说，我还是未能找到所有人都必须学外语的充分理由。虽然我想对我所写的《走向必修课程》（White，1973）一书做很多修改，但我还是坚持我在此书中表达的对学外语的观点。虽然让学生了解说外语是怎么回事对于生活方式的选择很重要，但这并不表明他们就应该学会说一门外语，尤其是用课堂教学中那种费时间的方法。

尽管如此，除了外语之外，核心课程的"基本"目标是合理的，足以作为任何人所受教育的必要内容。任何被剥夺这种教育的孩子都将受到重大损失。但是，说它们是"基本"的并不意味着唯有它们是基本的。把"基本"局限在如此狭小的范围之内的问题在于，它会使政府貌似有明显的理由宣称，如果将这四个"核心"领域的标准提到足够高的程度，其在教育这个国家的孩子方面就做得足够充分了。这种说法应该受到反驳，因为只提供"部分"的"基础"教育是不充分的，而必须提供"全部"的。我们不仅需要果实的"核心"，还需要整个果实。

回归基础？当然。学校课程不应该像自主教育制度下的课程那样往任意方向发展，它们肩负重任，15000 小时的义务教育必须比以往更导向根本目标，所有的根本目标。

154

这时，有人会说："那这些目标是什么呢？既然你反对当前的核心课程的观点，那么，你认为学校应该设置一套什么样的课程目标呢？没错，你在第 6 章开篇所描述的受教育的人所应达到的成就应该成为我们的出发点。你说学校课程只是达到这些目标的一个手段，我们不应该假定所有孩子在离校时都能达到受过教育的那个'模糊范围'，这些我都同意。但是作为一名教师（或校长、教育官员等等），我需要更实用的指导。你能不能把'基本'说得更具体一些，为我们提供有关最终目标的具体建议，让我们能够在合适的情况下将其落实到时间安排、人员安排及其他一些安排中？"

如果我说本书的主要内容在于对教育目的做一般性论述，因而对于实现教育目的之各种途径只在最后一章带过，有的人会认为我这样的辩护没有说服力。他们之所以这样想，是因为他们把不愿意或没有能力谈论细节性问题当作理论本身行不通的表现。我曾经在不同但相关的场合遇到过类似的反应。每当我谈到学校课程的管理，并且从哲学的角度主张应该由民主国家来设定其总体纲要时，总是有人要求我对实现这一点的机制进行描述。有人问："制定纲要的机构由谁组成呢？""你设想了一种什么样的监督机制，使民主国家能确保学校在按章办事？""对不服管的校长你建议采取什么样的处罚措施？"当我回答说我只是一个教育哲学家，而不是教育管理的专家，对这些复杂的问题没有什么权威性意见可以发表时，后排座位上总有一个官员转向其邻座会意地一笑。从这里以及其他地方听众明显的恼怒中，我知道我已经完蛋了。

但他们的态度是合理的吗？一个研究学校课程的决定权及教育目的等问题的实用理论倡导者，为什么必须能详细地说明该理论如何实现呢？举个类似的例子，有人提出在伦敦及其他主要城市四周设立"绿化带"的设想。实际上，我不知道是谁提出来的。大多数人会认为这个设想大体上是合理的，它限制了城市杂乱无序的扩张。但是如果因为其倡议者没有想过诸如如何预防违法者，地方政府需要雇用什么新的人员来实施这一方案等

155

问题，一开始就否定这个想法，那么，这对于倡议者是不公平的。如果要把这个想法付诸实践，确实需要回答这些问题，但是倡议者没有义务做出回答。他需要论证的是他的想法在原则上并不是不可实现，如果他愿意的话，他可以把实施的方法和途径问题留给管理方面的人才去解决。当然，如果批评者说，他的设想有严重不切实际的地方因而不值得考虑，那就另当别论了。

就最后一点来看学校课程的问题，我认为我的批评者们不太可能会认为我提出的目的显然不可能实现，我并没有要求孩子们在离开幼儿园时就会微积分。然而，如果人们确实反对的话，他们有义务说出问题出在哪里。但是，人们指责的理由很可能是我所说的，我没有在实际操作层面提供他们需要的东西。对此，我只能说我从来没有想过要这样做。事有先后，重要的事情先做。

不管怎样，提出一套与我的理论相一致的切实可行的课程目标都不是一件简单的事情，需要做出各种特定的判断，很多判断还需要协调各种冲突的因素。比如，物理课程大纲应在多大程度上强调内在价值、工具价值或道德与政治上的用处？本书对优先权问题做了些说明，但仍然不可避免地要做一些判断。在学校课程和其他力量（校园风气、中学后教育、社会机构等）的教育分工问题上亦是如此。这些几乎都是个人无法解决的复杂问题，只能依靠国家教育委员会这样的机构。这些问题也没有唯一正确的答案，正如绿化带立法问题没有唯一正确的做法一样。毕竟没有一种永恒的、永远可行的学校课程。社会总在变化，学校外的机构承担的教育任务也在变化，因此课程的角色和内容也应该相应扩大或缩小。

指出这些复杂性从其自身来说可能往往令人不快，却是有益的。教师往往希望课程理论工作者单枪匹马就能提出切实可行的行动指南来，而理论工作者自己——我也不能免责——也随时准备挑起这个担子。在我们英国的自主教育体制下，校长也是如此。意识到课程内容的设定过于复杂，不是一个人能解决的问题，这就是很大的进步。至于国家教育委

156

员会或其他机构应该由谁组成这一问题，我希望你们能允许我说："但这是另外一个问题！"

我们可以要求这样一个委员会或机构做的一件事是，从整体上规划我们现有的 11 年义务教育。这一要求是合理的。在英国的学校里，这种整体规划从未实现过，我这么说一点都不过分。对于教育行业以外的人来说，这可能令人震惊，因为让孩子在 6—9 岁受的教育与将来他们 13 岁或 16 岁时的期望相吻合是再合理不过的事了，很难想象国家教育部门会避免这样做。事实上，世界上其他国家大多数都是这样做的，但是英国除外。在英国，一直是学校负责自己的课程目标和安排，至少从 1926 年以来是这样的（White，1975）。每所小学都是自主的，与之衔接的中学也是自主的，它们各自独立规划自己的课程。即使在学校内部，年级与年级之间的课程也并不总是连贯的；事实上，在小学中，每个班级的教师通常有非常大的权力决定最适合的课程是什么。

这种校间与校内课程独立的一个后果是，任何一个孩子得到的总知识量肯定在一定程度上是不足的。不同年级的教学内容互相重复，出现重大的断层，学生由于缺乏先决知识而很难理解新东西，此外，还有很多其他问题。

对此，我不想夸大其词。有许多课程相当成功的例子，但不可否认的是，如果在 11 年教育制的基础上对课程做整体安排，可能会取得更好的效果。这也意味着可以更早地为科学、历史、艺术和社会科学等课程的学习打基础。理解力只有程度上的差别，而不是有或无的。8—9 岁的孩子可能无法对民主、贸易平衡、电等概念有很深刻的理解，但他们没有理由不对这些东西有一点理解——对于现代世界历史、时事、音乐欣赏、诗歌欣赏等也是一样。在所有这些领域中，艺术在实践中似乎是最成功的（学校是否花了太多时间让孩子们创作自己的作品，而牺牲了他们了解他人作品的时间，这个问题暂且不谈）。在 11 年教育制度中，基础课程是最重要的，必须尽量高效地安排。每门学科最好都及早打好基础，不要认为民主这样的概念只适合比较成熟的中学生。如果这样的话，所有重要的概念和主题都会被推迟到 11 年教育制的最后两三年中去，而最后两三年往往没有充足的时间来处理这些内容。其结果是，开始的八九年中教育内容往往相当少。英国学校中存在一种非常普遍但令人遗憾的现象。也许刚才我对于教育系统内各部分之间的课程独立性和不连续性有点言过其实了，因为教师之间对于谁什么时候教什么存在某种共识。但是这种共识还远远达不到我所呼吁的整合的 11 年教育制的要求，并且这种共识往往表现为一种相当古怪的消极或戒备形式。幼儿园教师往往小心翼翼，不迈入小学课程范围一步，并且相应地限制学生的最终目标；小学教师则认为他们没有义务系统性地讲授历史、地理或科学（这些课程有别于孤立的专题课程），因为在他们看来，这是中学的任务。而中学教师自己也容易强化这种假设："只要学生进入初中时有学习的欲望就行了。""只有在中学中，'真正的'教育工作才开始。"

这种做法的结果是，教育在最初的八九年进度过慢，把太多工作留到最后两三年，而这时，学生又要为公共考试做准备，同时还有其他种种负担。当今的教育心理学仍然被皮亚杰（J. Piaget）的理论所主导，它认为，过高的智力要求对低年龄段的孩子来说是无用的，因为他们还处在"具体运算"阶段，讲了也不懂。最近对皮亚杰理论的哲学和心理学批判有助于消除这种错误的观念：儿童的思维并不像一般生物体那样按时间自然发展，概念体系只能通过社会互动获得，并可以通过人为干预来拓展。[1]拖延孩子学习速度的另一个原因是，资本家出于自己的利益，长期阻碍一支有知识的劳动力队伍的形成。在 11 年的学校教育中，孩子们可以学习很多很多东西，这些知识将帮助他们认清社会经济现状，使他们不愿意屈从于现代工业所需要的俯首帖耳、没有思想的体制。

因此，必须停止将学习内容松散分配的安排。现在，是改变我们在这个问题及其他许多问题上的传统做法的时候了，要把教学内容更紧凑地安排在最初几年内。但是，请不要把这种观念与有些家长的观念相混淆。有些家长把孩子从公立学校转入私立学校，这样他们的孩子就能整天忙于学习拉丁语、句子成分分析和额外的数学。我对于受过教育的人的描述清楚地表明我对于这种荒唐的学院主义是不赞赏的。但是人们，包括这些家长在内，确实经常担心孩子们的潜力没有得到应有的开发，他们这种担心不无道理。督查报告也证实他们的忧虑是有道理的，而我所建议的那种 11 年制教育会大大缓解这种忧虑。

我必须再说清楚一点，我无意把孩子们变为学习机器，或者把不适合他们学习的概念或信息强加给他们。我的观点是，如果对 15000 小时的义务教育做更精心的规划，就完全有充足的时间来完成我要求年幼的孩子们做的那些事。我不知道为什么不能大幅减少每个孩子每天接受的义务教育的量，使他有更多的时间投入纯粹自发的活动——如果他愿意的话。我还是很向往我在《走向必修课程》中所提出的关于引入恰当的自愿学习体系的设想，我们可以在学校或在专门的机构中开展自愿学习，孩子们可以自愿学习任何东西，从额外的体操、数学、绘画到学习一门乐器、木工或制作收音机。学校的义务教育可用于基础课程的学习（这里指我所提出的扩展意义上的基础课程），从而确保每个孩子都有成为受过教育的人的机会。在自愿学习的部分，学生们可以学习超过和高于基础课程的东西，或在基础课程之外的东西。

这种分工有助于缓和对共同课程持不同意见的两种人之间的矛盾——一种人认为所有的孩子都应该学习同样的课程，另一种人认为应该根据孩子的不同需要和兴趣因材施教。如果这里关于"基础课程"的论点成立的话，那么从表面上看，它适用于所有的孩子。除非提出充分的反对理由，否则 11 年必修课程应该适用于所有人。当然，也存在例外，如智力极其低下者实际上无法学习几乎所有的课程，有生理缺陷的儿童，比如失聪儿童和盲童，可能无法学习部分课程。我已经论述过我反对把这种范围广泛的教育作为精英的特权，在此无须重复了。

既然学校的必修课程可以满足共同的需要，自愿学习部分就为孩子提供了充分的机会，让他们沿着自己选择的道路发展。比如，头脑敏捷的孩子可以深度学习各种东西。这种创新不仅符合自由原则，也完全符合个人自主的理想。自由原则认为，如果没有压倒性的理由，不能强制任何人做什么和做到何种程度。它也符合个人自主的理想，因为孩子们从小就被鼓励自己决定如何充分利用给予他们的非必修课的时间。

这种共同的必修课程是否要持续 11 年，一直到 16 岁呢？还是应该允许学生在此之前选择专修课呢？在此，新型双轨体制似乎又一次满足需求了。我们没有必要给受过教育的人设定非常高的才智或品质方面的要求，也没有理由像目前最成功的中学那样坚持非常高的才智成就标准。我们关心的是造就有见识的社群，社群中的个体具有道德自主性和合作精神，而不是推着他们跨越越来越高的障碍，获得更高收入或其他享受。但是，即使我们的要求不高，在 11 年中仍然有许多东西要学，特别是在最后阶段，学生所学的整个复杂体系结构成型，最关键的基础也到位。义务教育最后几年将越来越致力于把所学的零散知识整合到统一的人生规划中，这是个长久而艰巨的任务。这里所说的人生规划当然不是指最后的蓝图，只是一个初步的、不完善的构想。在此之前，我们都不能指望学生明白他们要成为自主的人所必须了解的教育的内在原则和目标。对有些人来说，这一天会来得晚一些。我已经说过可能需要把义务教育延续至 16 岁以后。有些人，当然是极个别的，不需要那么多时间就能完成这些整合的任务，那也许应该允许他们 16 岁以前毕业，但大多数人还是需要 11 年来完成必修课程。

然而，在必修课程而不是在自愿活动上所花时间的比例保持不变是没有道理的。在其他条件不变的情况下，逐渐扩大自主活动领域的范围，与个人自主的理想是相容的，因为这样能够将个人追求自己热衷的事物的机会最大化。这不同于一般认为的那样，在最后几年缩减公共课程，让位于专长发展，因为专修课程本身通常依然是必修的（也就是说，学生不能不学专修课程），而自愿性活动则完全由他自己决定参与还是不参与。正是学校生活中的这种自愿性活动，使个人能够最自由地投入活动、挥洒热情。这并不是说必修课程就没有这些特点。这里所说的"必修"并不是违背学生意愿，强迫他们学习。教育是一个逐步塑造自然欲望的过程，这一点在第 3 章中讨论过了。比如，在教育的作用下，内在的好奇心转变为对历史和科学的热爱。教师在必修课程的教学中完全有理由利用这种自然天性，激发学生对所学科目的热情：哪怕不是必修课程，学生也愿意去学。但与此同时，并不是所有学生都能一直充满热情地投入所有必修课程的学习，承认这一点才是现实的。如果真是那样，那才奇怪。学生的投入往往只在特定方面有所体现。当然，负责必修课程的教师必须努力保持学生的兴趣，当学生失去兴趣时，教师要重新点燃学生的兴趣，但有时这注定是一项漫长而艰巨的任务，特别是对有些学生而言。自愿学习的机制提供了一个纯粹自发的领域，可以提升与我们自然天性相符的部分，这是非常重要的。

我在上面说过，在其他条件相同的情况下，有理由牺牲必修内容，逐渐扩大自主学习领域的范围。其他条件是否相同取决于一些条件，比如最初几年可以完成多少基础课程，有多少内容要留到后面几年；刚刚提及的整合性任务在实践中要耗费多少时间等。

在结束对学校课程内容和组织的讨论之前，我还要再说一点。学校课程的内容和组织是一个很大的主题，本身就需要写一本专题论文。但我还是要就考试问题说几句。我已经说过普通水平（O-level）、高级水平（A-level）考试以及中等教育证书的不良影响。我觉得在本书所描述的课程体系下学习的学生不应该由公共考试来测试。他们的学习记录可以很好地说明他们做得如何，这种方式甚至更好，因为它更具体，并且可以对书面考试无法测试的品格特点做出评价。[2] 使用公共考试的中学太容易蒙混过关了，它们不用仔细思考学校的目的，考试成绩好就是现成的目的，但这样做的代价是，有些学生把课程内容看作得到结业证书的手段，因此只要能再得到一个普通水平考试的成绩，或者增加在高级水平考试中得到 B 或 C 的机会，并因此可以进入大学，他们不在乎学习的是学拉丁语、额外的数学还是英国宪法。

我用非常简短的评论来结束我对课程内容的评述。我希望，至少现在关于由谁来负责规定学校课程设置的问题应该很清楚了。课程设置不能像最近英国通行的做法那样推给校长和教职工来决定。课程内容不应该脱离教育目的，而教育目的不能，也不应该脱离更广泛的社会福祉。这就是为什么至少关于课程主要框架的设定不可避免地是政治决策。既然如此，就有充分的理由把决策权力从社会的某个特定部门手中拿过来。在决定一个社会作为一个整体应该如何发展时，校长和教职员工并不比医生或火车司机更专业。从某种意义来说，课程决策必须由社会进行民主管理。上面提到过，在决定学校课程内容之前，一方面要考虑学校和社会风气的教育作用，另一方面要考虑中学后教育的贡献，这种观点强化了将课程决策交给学校的错误。学校校长与教职员工可能会有一些看法，但我们需要更广的视角。所有这些反对学校自主决定权的论调并不意味着教师在课程设置上毫无责任。这里所说的只涉及课程的主要框架。在许多具体问题上，教师确实有他人不具备的专业能力。教学内容必须与每个孩子的能力和兴趣紧密联系，只有教师最了解他们的能力与兴趣，知道如何设置相应的课程内容。必须给教师最大的灵活性，使他们能根据自己的专业判断来解读民主决定的基本原则。常见的大陆教育制度详细规定了教育目标，以及达到最终目标的具体途径，这种做法是不可取的。还要注意的是，只有身处教学现场的教师才有权力决定这些细节。一边是教师，另一边是民主决策者，处于两者之间的校长对于课程并没有权力；这一点加上他们在地位和民主发展方面对孩子们态度可能产生的不良影响，构成了取消或彻底改变校长角色的很好的理由。

其他教育机构和家庭的作用

现在我简单谈谈中学后教育机构、教师教育机构和家庭在实现教育目的中可以扮演的角色。

（1）中学后教育机构

许多人在 16 岁时还达不到受过教育的模糊范围。也许大部分人都达不到。我已经建议过，我们可以考虑恢复非全日制的义务教育。在此无须重复这些观点。

中学后教育机构中有一些机构的目的与我所关心的目的不一样，比如为特定的工作或就业范围进行职业培训，或者提供娱乐性课程等。本书不宜研究这些学校。这些论题很重要，但不在我的论述范围之内。

但我要谈谈大学的教育作用，因为这与本书的总主题相关。人们通常认为大学是教育机构。人们——有些人——在大学"完成教育"，在大学延续中学的学习并取得成果。至少人们说大学是这样的。但是应该记住的重要的一点是，这种说法通常是某一种教育观下的说法，这种教育观认为教育与"为了学习本身"而追求或拥有知识有关。如果这就是既定的教育目的，如果教育就是应该充分发展学生的能力，那么就无须提供进一步的理由来论证大学存在的必要性了。通过人才培养——高能力人才的培养，使人们达到更高的受教育程度，大学正在帮助社会更接近这个目的。当然，投入到大学的公共经费也可以投入到别的地方，考虑到这些，可能会产生一些有关大学合理性的实际问题。如果大学的学位数量有限，只有一些人能上大学，那么在互相排斥的社会目标中，少数人的高等教育又有什么优先权呢？然而，一个经济不断发展的社会肯定会把部分财富用于增加大学的数量（或者更广泛地说，增加高等教育机构的学位数量），最终目的是使每个有能力接受高等教育的人都能从中受益。我们的社会在 20 世纪 60 年代就采纳了罗宾斯委员会（Robbins Committee）在 1963 年报告中提出的建议。①

对此，我深感担忧。我已经反驳过教育应充分发展个人能力的理论（见第 3 章）。如果如我在第 2 章中所主张的那样，教育的目的不是"为了知识本身而追求知识"，而是更接近我在本书中提出的教育目的，那么大学未必总是一种教育机构。要成为教育机构，大学应该从道德伦理的角度帮助学生形成一套整合的人生规划。有些扩展大学课程内容的做法可能是出于这种想法。有时候，专业课程从非常广的角度来解读专业也能起到类似的作用，比如在有的文学系或哲学系就有这种情况。但是大学往往不这样看待自己的教学功能，而是将其看作为了知识本身而进行的专业化追求。（在此我省略了大学对应用学科的兴趣。对应用学科的兴趣引入了职业培训的目的，如工程、医学或法律，它们一般不被看作教育目的。当然，"为了知识本身而追求知识"的大学是不以此为目的的。我也省略了它们作为研究和学术机构的角色。）

只要大学从专业化教育转向完整人格的培养，那么它所做的工作就和前面所说的继续教育学校所做的工作类似。这样的话，也许就没有必要设置两种不同类型的机构。只要我们按这种方法改变教育的概念，我们就能保持罗宾斯的一些精神，在资源允许的情况下，允许越来越多的人接受更高层次的教育。

（2）教师教育机构

按本书所建议的思路重新评估教育目的对于教师教育院系也同样有意义。最主要的一点是，教师不应认为自己的工作是自给自足、独立于更广大的社会利益的。抛开别的不说，教师不应该是文化大祭司，激励他人来到为了知识本身而追求知识的圣殿朝拜。我并不是说要将文学、纯数学等

---

① 罗宾斯报告于 1963 年由英国高等教育委员会发布，当时主席为罗宾斯勋爵（Lord Robbins），因此称为罗宾斯报告。报告建议扩大高等教育规模，让更多符合条件的人上大学。同时还建议成立六所新大学，并将一些学院升级为大学。参见 https://www.oxfordreference.com/view/10.1093/oi/authority.20110803100423751. ——译者注

方面的天才教师赶出学校，而是说最理想的情况是，教师应该认识到自己所教的科目如何服务于个人和社会的利益，并将这种意识传递给学生。其次，教师也不该成为我在第 3 章中批评的"教师 – 心理学家"，即所谓的孩子天性和成长规律的科学权威。心理学在教师教育中应该有一定的地位，但是不能像在以儿童为中心的时代那样占主导地位。我们应该舍弃这两种内观的教师概念。不管教师所教的科目是什么，专业是什么，他都应该能够将其与更大的目标联系起来。他需要对本书所讨论的人类福祉和社会生活的许多基本问题有更广泛的哲学层面的理解。同时，他还需要从历史、社会学和经济学角度，扎实把握他所在社会的主要特点。

至于教师要如何获得这些知识，我对职前培训部分没有特别的建议。职前培训需要解决课堂掌控、激励学生等眼前的问题，没有什么时间进行这种更广泛的反思。毫无疑问，在最初的培训中可以，也应该做一些这方面的工作，但大部分工作将不得不留到"在职教育"中去做。之前我说过，在职教师需要时间来反思自己所做的工作。在每周几乎所有工作时间中，都将教师死死地绑在具体的课堂内或课堂外的教学工作中，是反教育的。这种情况现在很常见，其结果是没有生命力的、机械的体制——我们每个人所在的环境不同，但对这一点都很熟悉。如果教师有更多时间进行反思——反思不仅由正式的在职课程激发，更重要的是在与其他教师的讨论中激发——那么，不仅课堂工作的小细节会充满新的更广泛的意义，而且与现在通常的状况相比，学校的整体工作也将更多地建立在共同的理解、态度和信念基础之上。比如，今天在综合中学教书的教师很清楚职工之间的理念上的鸿沟常常削弱他们的工作。我必须再次说清楚的一点是，我并不主张所有职工在每件事上想法都一样。相反，争论、异议和独立思考是非常可取的。然而，如果一个机构要有效率地工作，其成员就必须具有某些共同的信念和责任。我所要求的就是扩大这种共同背景，让教师们可以假定彼此都具有这种共同背景。教师们应该在很大程度上对基本目的有共识。如果这样的话，这种共识会融入校风之中，对更宏观目的之意识会潜移默化地传递给学生。教师牺牲一些课堂工作用于反思根本算不上是"自私"，因为学生会首先从中获益。

（3）家庭

孩子在 5 岁入学的时候，他在智力成就和品德成就方面的基本结构就已经定型了，这是不言而喻的道理，但这一道理总是被忽视。家长有巨大的机会来塑造这种基本结构，但很多人似乎没有充分意识到这一点。这种机会始于孩子出生之时，并且随着其语言理解力的发展而大大增加。父母是孩子的第一位老师，他们对儿童的早期教育应该与后面幼师的工作相配合。由此似乎可以说，家长和教师应该受共同的教育目的和教育假设的指导，其理由与上一段所说的理由一样。巨大的分歧将使他们共同教育的孩子们感到困惑，无从学习。因此，父母和教师一样，需要在更高层面对教育目的进行反思。如果愿意的话，有些特别了解教育的家长可能会反思。但这并不是一种选项，更像是一种义务：家长有责任为孩子的教育打下良好的基础，因此他有义务仔细思考这种教育大体上应该是什么样的。

这种思路所引出的结论显然不支持目前的状况。今天，大家谈论的都是父母的权利——选择孩子在哪里受教育的权利，决定上什么课程的权利，按照他们的宗教信仰抚育孩子的权利。但是这些权利的基础是什么呢？从将孩子带到世界上这一经验性的事实中，得不出任何伦理道德方面的结论，即人们应该做什么或有什么道德权利。确实，父母对孩子可能有各种法律权利，但我们现在关心的是道德问题而不是法律问题。如果血缘关系不是道德权利的基础，那么什么才是呢？在我看来，父母作为父母所享有的唯一权利来自他们抚育孩子的责任。正是因为父母通常被赋予这些责任，他们才有权利，比如说他们可以拒绝他人分享这些责任，除非他人（如教师）被授予了这种权利。这当中隐含的来自实际经验的假设是，如果抚育孩子的方式极端不一致，会阻碍孩子的发展。因此，父母的权利来自父母的义务，这种权利不是孤立存在的。

166

如果这点成立，那马上就有一个问题：父母是否有权按自己的宗教信仰、政治信仰或世界观来培养孩子？如果父母有义务把孩子培养成道德自主的人，他们就不能同时有权利给孩子灌输观念，不管是什么观念，因为有的观念也许会与他们教育孩子时应该有的教育理念相矛盾。把孩子培养成道德自主的人很难与把孩子培养成好的基督徒、穆斯林或正统派犹太教徒协调一致。同样，让孩子成为民主社会中具有合作精神的一员的愿望也很难与让他接受如公学教育这种"专有"教育，从而高人一等的愿望协调一致。必然的启示是，不应该给父母这种灌输的权利。必须采用强制、劝说或开明的公共舆论等手段来防止他们阻碍孩子接受适当的教育。我知道这个建议不会受到普遍的欢迎。因为家长按照自己的标准抚养孩子的自由一向是神圣不可侵犯的。但我强烈呼吁反对者思考一下这种观点的理性基础。事实上，它是否具备合理性？抑或只是一种偏见？

总之，家长承担着教育者的责任，但没有先驱者所拥有的独立权利。学校教师同样有教育者的责任。对于教师来说，我们要求他们学习培训课程，取得职业资格。家长的地位有什么不同吗？社会是否应该在某种程度上要求家长有相应的才智来履行自己的职责呢？从逻辑上看是这样的，虽然我不知道在实践中如何能够实现。当然，一旦社会开始朝我所说的这个方向迈进，这个问题在一定程度上会自行得到解决。在最理想的情况下，每个人都会被培养成有见识的、道德自主的人。当他们成为父母时，他们从自身的经历中可以知道抚养孩子应该以什么为目的。当然，这不等于说他们通晓通向这些目的的种种具体途径，社会还是需要确保他们获得这种知识。和其他事情一样，目前我们不要过于指望有益的社会风气能发挥什么作用，将来也许可以，但现在还不行。我们要更多地依靠正式的要求。

本书提出的是一种乌托邦式的理论吗?

闱于篇幅, 我关于教育目的之实现的讨论就到此结束。同时, 全书的论证也到此结束。

针对我的主要论点, 很可能有人会评论它是 "乌托邦" 式的。我这么说是基于我以往的经验: 我过去写的许多东西都引发了这种反应, 我不认为这本书会是个例外。

给一种论点贴上 "乌托邦" 的标签通常是在对它进行某种谴责, 但谴责的方式往往不一样。对于本书所提出的构想, 反对者们可能会提出的一点是, 这一理想社会的图景是不太可能实现的。最近, 在《人的完美性》(*Perfectibility of Man*) 一书中, 帕斯莫尔 (J. A. Passmore) 带领我们回顾了人类历史各个年代中对黄金时代的种种描述, 有的是过去的黄金年代, 有的是将来的, 有的则超越了时间 (Passmore, 1970)。本书中经常提及的由道德自主的人组成的外向型参与式民主, 不正是另一种类似的梦中图景吗?

我不这样认为。我不相信存在着黄金时代。我认为黄金时代的理念总是与极权主义倾向相关, 在这点上我与帕斯莫尔是一致的。人不可能是完美的, 他总会有错误、缺点以及其他种种不足之处, 他所生活的社会亦然。我提出的教育目的并非着眼于理想中的黄金国埃尔多拉多 (Eldorado), 而是更具实践精神的。目前关于我们社会中教育目的之思考, 尤其是教育系统内部关于教育目的之思考, 可以说是众说纷纭, 对于应该走向何方, 人们从未达成一致, 这一点没有人会否认。我希望至少我已经把中心问题说得更清楚了, 也许至多我指出了一条可能的道路。至于最终将走向何方, 我并不特别在意。不管怎样, 它总不会是完美的。

第二个有关 "乌托邦主义" 的批评是, 不管我是否相信事物的可臻完美性，我都是在为社会和教育系统设定一种蓝图。正如许多忍不住在这方面就这个问题发表过看法的人那样，我也没有意识到社会只有不断变化才不至于僵化。我们需要的是波普尔所说的"零敲碎打的社会工程"，而不是"乌托邦"式的构想。

必须承认，我不像反对完美性那样反对蓝图。改进的方案总不会有本质性的错误。有人批评我所提出的蓝图很可能会限制社会发展，按照蓝图所提出的做法会使社会僵化。对此，我要进行反驳。我所提出的蓝图不同于将某种幸福生活概念奉为圭臬的确定的蓝图，它是更高层次的蓝图，是为了预防确定性蓝图的统治性而设计的。

最后，有些人可能会给这一观点贴上"乌托邦"的标签，也许是因为它在可预见的社会条件下是无法实现的。比如，它要求工业民主化，但这就意味着把企业的所有权从股东手里转移到民主控制之下，这无异于是资本主义制度的结束。即使这是大家希望的，在半个世纪内也不太可能实现。也许学校教师确实在寻找一套可行的目的，但是像这种很高远的目的可能起不了什么作用。再者，如果社会为维持自身稳定所必须耗费的劳动已经使个人没有足够的时间和精力了，那么坚持人人受到如此丰富的教育也就没有意义了。也许一个世纪之后这是可能的，但是在此之前，教育者能以什么为目的呢？

然而，人们以这种方式窥视未来，就能看出什么是不可能的吗？这个世纪在政治和技术领域发生的革命性变化提醒我们，在提出这种疑问之前要仔细思考。不管怎样，这种疑问忽视了我们所倡导的教育对于加速目标实现所起的作用。与当今这种从来没有受过政治教育的人民相比，熟悉参与式民主基本原理的人民更不可能容忍独裁式或寡头垄断式的工业组织方式。工作（work）表达的是对人类生活最深刻的反思。落后社会把劳动（labour）与闲暇和快乐对立，但如果一个社会已经知道区分单纯的劳动与工作，它可能会更努力地将重心从前者移向后者。（我并不是说天平可以完全偏到一边去，枯燥的或令人不快的工作也许总会存在，并且可能在很大范围内存在。但是原则上可以合理分摊这些工作，从而使每个人有更多时间进行更有成就感的活动，也就是我所说的"工作"。）此外，难道我们所讨论的完全没有可能性吗？某些地方已经实施了某种形式的工业民主，这也许不久之后就会出现在英国的法律条文中。资本主义处于危机之中，没有人知道其中的不民主因素何时会被消除。在某些行业中，一周的工作时间已经足够短，人们可以更充分地参与到更具反思性的生活之中。慢慢地，人们缺少的将不再是时间，而是如何更好地利用时间的想法。

总之，我不认为本书所构想的社会在可预见的社会经济条件下无法实现，因而是乌托邦式的。如果反之，它是可以接受的，那么它的可实现性就特别值得检验。

注　释

序

1 最接近的一次尝试见唐尼等人（Downie et al.，1974）的专著中的第3、4章。

2 近来有很多哲学与实际事务结合的例子，见：Glover，J.（1977），*Causing Death and Saving Lives*，Penguin；Singer，P.（1979），*Practical Ethics*， Cambridge. 在《哲学与公共事务》（*Philosophy and Public Affairs*）杂志（1972 年至今）中也可以看到这样的例子。

第 2 章　教育的内在目的

1 关于库珀（Cooper，1980）对选拔教育的论述，更详细的讨论见：White，P. and White，J.（1980），David Cooper's Illusions，*Journal of Philosophy of Education*，vol. 14，no. 2.

第 3 章　学生的利益

1 对心理享乐主义（主张我们只为了快乐而行动的理论）的进一步探讨，见：Brandt，R. B.（1959），*Ethical Theory*，Prentice-Hall，p.307–314；Gosling，J. C. B.（1969），*Pleasure and Desire*，Oxford.

2 关于这个观点，我要感谢沃尔夫森（S. Wolfson）。

3 以下反对意见的主要内容来自我的同事埃利奥特（R. Elliott），我非常感激他。在写第二个反对理由时，我也受到了劳埃德（D. I. Lloyd）发表的期刊论文的影响，见：Lloyd，D. I.（1980），The Rational Curriculum: a Critique，*Journal of Curriculum Studies*，vol. 12，no. 4. 在这篇文章中，他对我早年出版的书《走向必修课程》做了一些有力的批判。

4 汤普森（K. Thompson）在分类问题上给了我不少压力。见：Thompson，K. and White，J.（1975），*Curriculum Development: a Dialogue*，Pitman，Section 2.

第 4 章　社会本位教育目的（一）：经济目的、道德目的和以学生为中心的目的

1 "走妥协路线"的学校并非总是有计划地、意见一致地采取这一政策。有时，这一结果是因为内部意见不一致而导致的。

2 见：Williams，B.（1973），Egoism and Altruism，in *Problems of the Self*，Cambridge.

3 "发展"与"学习"有时候是相对的，此处我用"道德发展"来指代各种形式的道德学习。

4 此处比较复杂，涉及"反向歧视"的正义性或非正义性。见：Dworkin，R.（1977），Reverse Discrimination，in *Taking Rights Seriously*，Duckworth；Nagel，T.（1979），The Policy of Preference，in *Mortal Questions*，Cambridge.

5 见麦琪（Mackie，1977）的专著。他的书为有限的利他主义道德观进行辩护，赞同以个人和身边的人的利益为中心。但我并不是要将我所说的"最低限度道德观"的所有特点都归咎于这本书。

第5章　社会本位教育目的（二）：经济和政治领域的道德目的

1 最有力的证据来自西班牙巴斯克自治区（Basque country）的蒙德拉贡合作社（Mondragon co-operatives）。1956 年，蒙德拉贡合作社成立，到 1976 年，这一合作社包括 62 家工业企业（包括高科技企业，如生产机床的企业）和 15000 名工人。自此，它持续扩张。它有自己的银行，为合作社提供资金；它还有自己的技术学院、学校、住房计划、商店等。这是一个快速发展的参与式民主的例子，我们将以极大的兴趣关注其未来发展。见：Oakeshott，R.（1978），*The Case for Workers' Co-ops*，Routledge & Kegan Paul，ch. 10.

当然，蒙德拉贡不是国家层面的大规模政治民主。至于声称"普通人"没有足够的智力来参与后一种类型的民主的观点，部分答案是，如文中所言，这种民主必须建立在如工作场所这种小规模的参与式民主的基础之上并从中成长起来。来自蒙德拉贡这种持续扩大的合作社的证据很重要，原因就在此。

此外，不应假设普通人需要了解政治安排的每一个方面。有些事情需要每个人都了解；但在更具体的领域，不同的人可以组建不同的专业团体。见下条注释。

2　见：White，P. A.（1973），Education, Democracy and the Public Interest，in Peters，R. S. (ed.)，*The Philosophy of Education*，Oxford；White，P. A.（1977），Political Education in a Democracy: the Implications For Teacher Education，*Journal of Further and Higher Education*，vol. 1, no. 3.

3 这里的面包不同于我在前文所说的工厂生产的切片白面包。

4 关于这一问题的进一步讨论，见：Benn，S.（1979），The Problematic Rationality of Political Participation, in Laslett, P. and Fishkin, J. (eds), *Philosophy*，*Politics and Society: Fifth Series*，Blackwell.

第 7 章　教育目的之实现

1 对皮亚杰的哲学批判见：Hamlyn，D.W.（1978），*Experience and the Growth of Understanding*，Routledge & Kegan Paul，ch. 4. 对皮亚杰的心理学批判见：Donaldson，M.（1978），*Children's Minds*，Fontana.

2 关于近期对评价（assessment）的哲学讨论，见：Dearden，R. F.（1979），The Assessment of Learning，*British Journal of Educational Studies*，vol. 27，no. 2.

参 考 文 献

A　皇家出版局（Her Majesty's Stationery Office）出版物

Education in Schools (1977)

Primary Education in England (1978a)

Special Educational Needs (1978b) ('The Warnock Report')

A Framework for the School Curriculum (1980)

B　图书与文章

ASHTON, P., KEEN, P., DAVIES, F. and HOLLEY, B. J. (1975), *The Aims of Primary Education: A Study of Teachers' Opinions*, Macmillan.

BUTLER, J. (1726), *Fifteen Sermons.*

COOPER, D. E. (1980), *Illusions of Equality*, Routledge & Kegan Paul.

DEARDEN, R. F. (1968), *Philosophy of Primary Education*, Routledge & Kegan Paul.

DEWEY, J. (1916), *Democracy and Education*, Macmillan, New York.

DOWNIE, R., LOUDFOOT, E. and TELFER, E. (1974), *Education and Personal Relationships: A Philosophical Study*, Methuen.

EDGLEY, R. (1980), 'Education,Work and Politics', *Journal of Philosophy of Education*, vol.14, no.l.

GORDON, P. and WHITE, J. (1979), *Philosophers as Educational Reformers*, Routledge & Kegan Paul.

GREEN, T. H. (1883), *Prolegorena to Ethics*, A. C. Bradey (ed.), Clarendon Press, Oxford. Reprinted Apollo Edition, 1969.

HABERMAS, J. (1976), *Legitimation Crisis*, Heinemann.

HARGREAVES, D. H. (1980), 'A Sociological Critique of Individualism in Education', *British Journal of Educational Studies*, vol.28, no.3.

HIRST, P. H. (1965), 'Liberal Education and the Nature of Knowledge', in Archambault, R. D. (ed.), *Philosophical Analysis and Education*, Routledge & Kegan Paul.

MABBOTT, J. D. (1948), *The State and the Citizen*, Hutchinson.

MACINTYRE, A. (1964), 'Against Utilitarianism', in Hollins, T. H. B. (ed.), *Aims in Education*, Manchester University Press.

MACKIE, J. L. (1977), *Ethics:Inventing Right and Wrong*, Penguin.

MIDGLEY, M. (1979), *Beast and Man*, Harvester.

MILL, J. S. (1859), 'On Liberty', in *Utilitarianism, Liberty and Representative Government*, Everyman's.

NUNN, T. P. (1920), *Education, Its Data and First Principles*, Arnold.

PASSMORE, J. A. (1970), *The Perfectibilty of Man*, Duckworth.

PETERS, R.S. (1959), 'Must an Educator Have an Aim?', in *Authority, Responsibility and Education*, Allen & Unwin.

PETERS, R. S. (1966), *Ethics and Education*, Allen & Unwin.

RAWLS, J. (1971), *A Theory of Justice*, Oxford University Press.

SINGER, P. (1979), 'Famine, A ffluence and Morality', in Laslett, J. and Fishkin, J. (eds), *Philosophy, Politics and Society* (fifth series).

STRADLING, R. (1977), *The Political Awareness of the School Leaver*, Hansard Society, Blackwell.

TAWNEY, R. H. (1926), *Religion and the Rise of Capitalism*, Penguin, 1938.

WHITE, J. (1973), *Towards a Compulsory Curriculum*, Routledge & Kegan Paul.

WHITE, J. (1974), 'Intelligence and The Logic of the Nature-Nurture Issue', *Proceedings of the Philosophy of Education Society*, vol.8, no.1.

WHITE, J. (1975), 'The End of the Compulsory Curriculum' in *The Curriculum: The Doris Lee Lectures, Studies in Education 2,* University of London Institute of Education.

WHITE, P. (1979), 'Work-Place Democracy and Political Education', *Journal of Philosophy of Education*, vol.13.

WHITE, P. (1981), 'Political Education and School Organisation, or How to Run a School and Educate People at the Same Time', in Fisk, D. *et al.* (eds). *Issues for the Eighties: Some Central Questions of Education*, Batsford.

WHITEHEAD, A. N. (1929), *The Aims of Education*, Williams & Norgate.

索　　引

（本索引每个条目后所附页码为原书页码，即中文版边码）

中译本再版后记

　　教育科学出版社要集成出版英国著名教育哲学家约翰·怀特著作的中译本，《再论教育目的》是其中的代表作。在讨论是否要重译此书时，我的思绪回到了 30 年前。

　　此书中译本曾于 1992 年 9 月出版。20 世纪 90 年代，全世界教育工作者都在思考和预测 21 世纪教育的挑战和机遇，其中一个重大理论和战略问题是教育目标的时代变革与历史抉择，其理论难题正是世界多元文化和历史现实中纷繁复杂的教育目的的纷争。当时教育科学出版社李玢社长将她 20 世纪 80 年代中期在伦敦大学教育学院访学时的导师约翰·怀特的这本书推荐给我，我们都认为出版此书中译本恰逢其时。译校工作难度很大，幸好有李玢直接参与校对，但她却坚持不署名，只做责任编辑，为了尊重事实，我编了一个名字放在她应该在的译校署名位置。当时在校稿中学习、研修此书的感悟，我已写在 1992 年版中译本序中了。

　　此次重译，一方面是为了进一步提高中译本的质量，另一方面也确实想借此迫使自己排除各种干扰，凝神静气在抽象的教育哲学王国进行一次跨越时空的反思性学习与修炼。时隔 30 年在书中再次与怀特相遇，我又领略到这位教育哲学大师耐心的学术"导游"之功底（我曾将此书比喻为一张教育目的王国最详尽也最烦琐的"导游图"）。这次感受颇深的是：他对自己学术观点的反对意见，可谓应收尽收、毫不忌讳！掩卷深思，这不仅体现了作者的学养和学术自信，而且体现了对读者在反思中进行多元自主选择的尊重。这点对于我们今天的学术生态，显然是一剂不可多得的良药！可惜很少有人会静下来把这本书深入读下去，并效仿此种学风……

　　此次再版重译，华中科技大学的丁煜博士在繁重的英语教学科研工作中，付出了大量心血，为使新译本更便于中国教育理论与实践工作者理解，我们对书中很多概念和理论的中英文表述进行了反复探讨和推敲。由于理论本身的深邃与多解，许多翻译仍难免有错误之处，恳请读者批评赐教。

桑新民

2022 年 4 月于杭州富春江畔

出 版 人 郑豪杰
责任编辑 王晶晶
版式设计 郝晓红
责任校对 贾静芳
责任印制 叶小峰

图书在版编目（CIP）数据

再论教育目的 /（英）约翰·怀特（John White）著；
丁煜译. —2版. —北京：教育科学出版社，2023.4（2024.4重印）
（约翰·怀特教育文集）
书名原文：The Aims of Education Restated
ISBN 978-7-5191-3391-7

Ⅰ. ①再…　Ⅱ. ①约…　②丁…　Ⅲ. ①教育目的
Ⅳ. ①G40-011

中国国家版本馆CIP数据核字（2023）第049282号
北京市版权局著作权合同登记　图字：01-2022-5830号

约翰·怀特教育文集

再论教育目的

ZAILUN JIAOYU MUDI

出 版 发 行	教育科学出版社			
社　　　址	北京·朝阳区安慧北里安园甲9号	邮　　编	100101	
总编室电话	010-64981290	编辑部电话	010-64989363	
出版部电话	010-64989487	市场部电话	010-64989009	
传　　　真	010-64891796	网　　址	http://www.esph.com.cn	
经　　　销	各地新华书店			
制　　　作	北京京久科创文化有限公司			
印　　　刷	唐山玺诚印务有限公司	版　　次	1992年9月第1版	
			2023年4月第2版	
开　　　本	720毫米×1020毫米　1/16			
印　　　张	12.5	印　　次	2024年4月第3次印刷	
字　　　数	166千	定　　价	45.00元	

The Aims of Education Restated

By John White